MATHEMATIK

Arbeitsheft

Erarbeitet von
Horst Erdmann und
Carmen Damaris Pilnei

Diesterweg

Inhaltsverzeichnis

❶ Baue aus den Würfeln 3 Türme. Male die Türme auf.

❷ Male das Muster fertig. Es soll ein Rechteck entstehen.

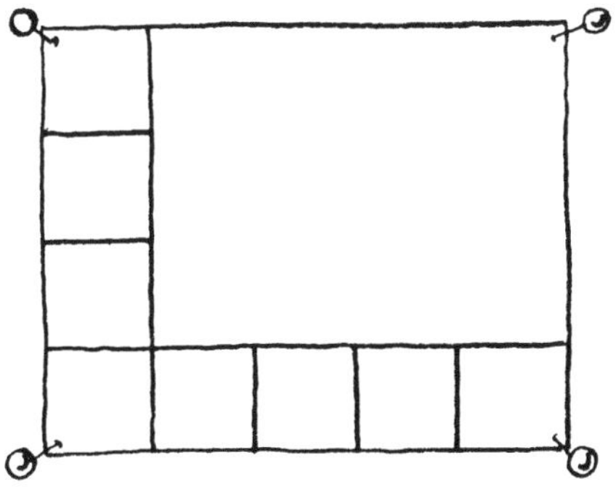

Es sind ☐ Plättchen.

❸ Wie viele Würfel sind es zusammen?

Es sind ☐ Würfel.

❹ Zerlege die Stange. Es sollen 6 gleich lange Teile entstehen. Male.

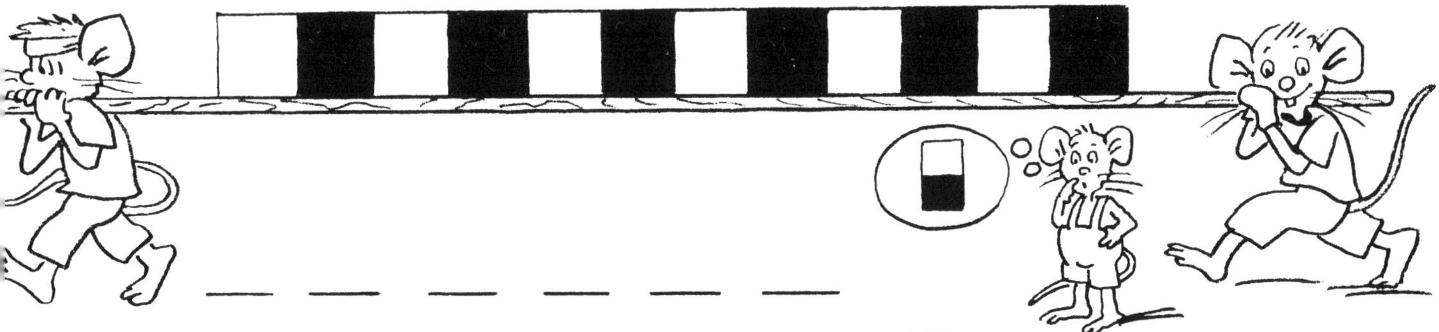

❺ Zerlege das Muster in solche Viererfelder: 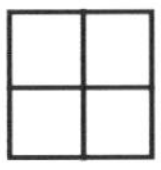
Male sie in verschiedenen Farben an.

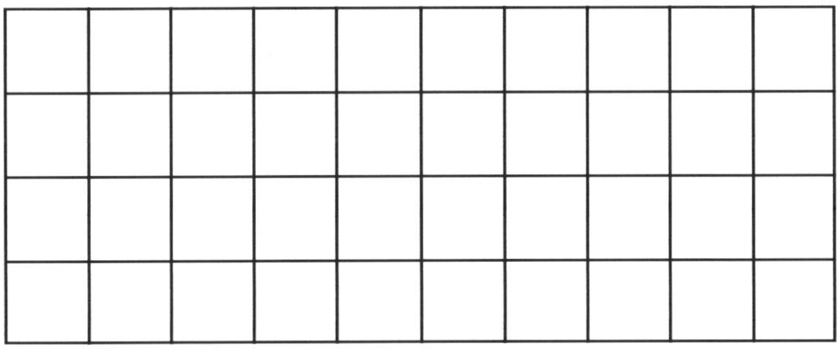

Es sind ☐ Viererfelder.

Plus- und Malaufgaben

❶

□ + □ + □ = □

□ · 3 = □

❷

□ + □ = □

□ · □ = □

❸

□ + □ + □ = □

□ · □ = □

❹

□ + □ + □ + □ = □

□ · □ = □

❺

□ + □ + □ + □ = □

□ · □ = □

❻

□ + □ + □ + □ + □ = □

□ · □ = □

Malnehmen

❶

4 · ☐ = ☐ ☐ · ☐ = ☐ ☐ · ☐ = ☐ ☐ · ☐ = ☐

❷

☐ · ☐ = ☐ ☐ · ☐ = ☐ ☐ · ☐ = ☐ ☐ · ☐ = ☐

❸

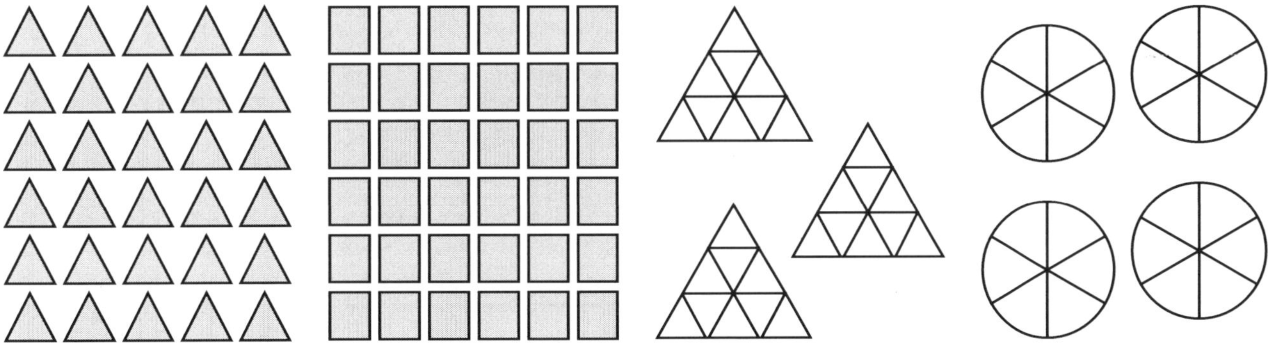

☐ · ☐ = ☐ ☐ · ☐ = ☐ ☐ · ☐ = ☐ ☐ · ☐ = ☐

❹

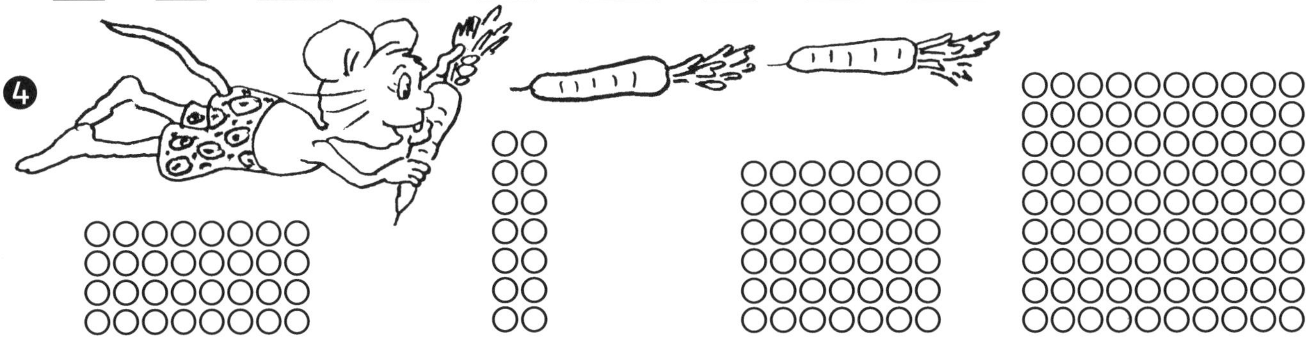

☐ · ☐ = ☐ ☐ · ☐ = ☐ ☐ · ☐ = ☐ ☐ · ☐ = ☐

❶ Teile die Blumen auf. Immer 2 in einen Topf, von jeder Sorte eine. Male.

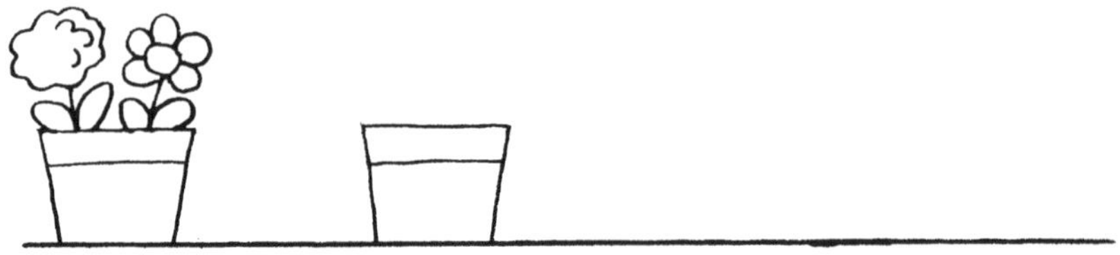

8 : 2 = ☐

❷ Immer 6 Eier in eine Schachtel. Male.

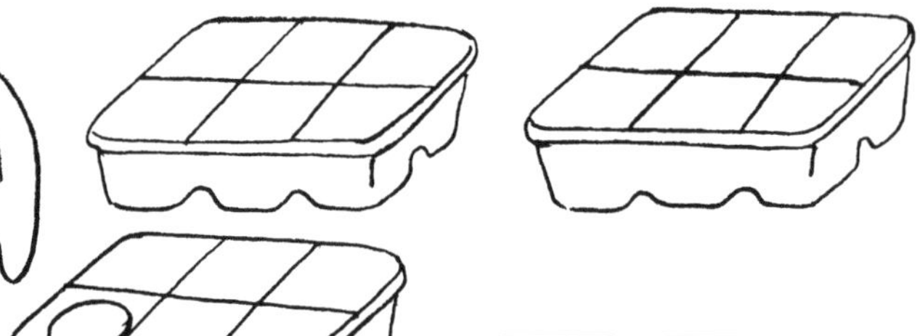

☐ : ☐ = ☐

❸ Teile die Äpfel auf. Immer 5. Male.

20 : 5 = ☐

❹ Teile auf.

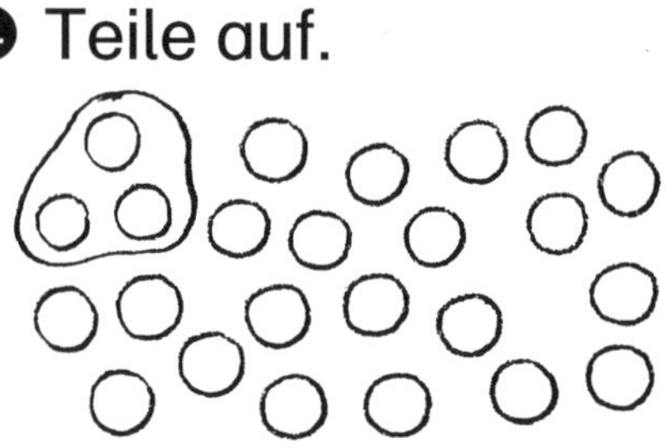

☐ : 3 = ☐

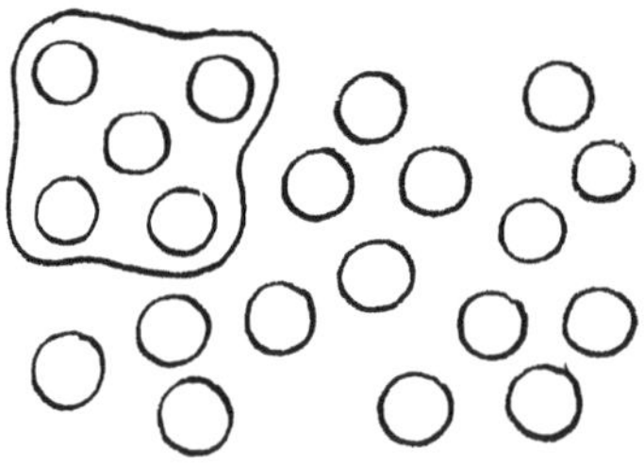

☐ : ☐ = ☐

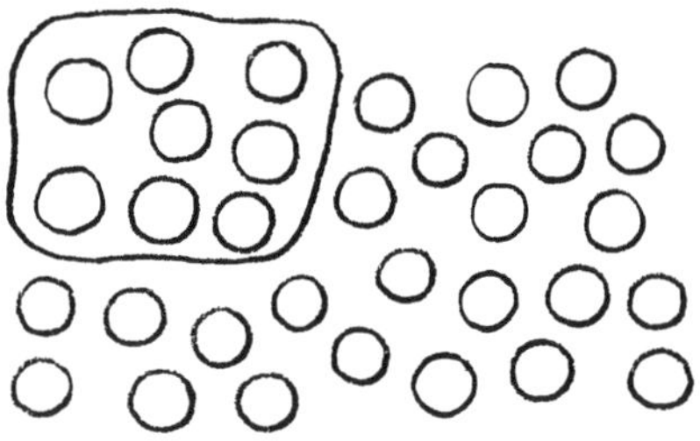

☐ : ☐ = ☐

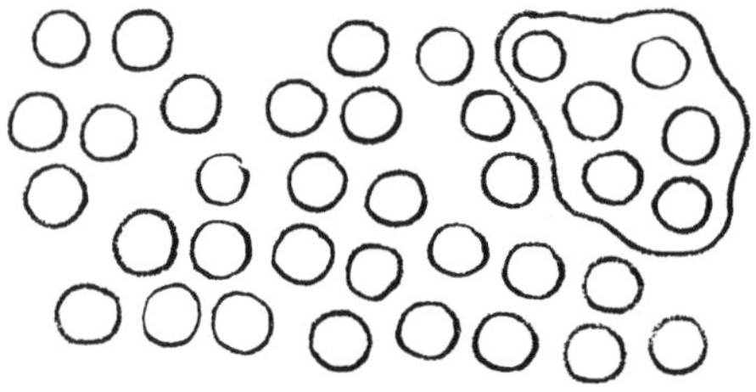

☐ : ☐ = ☐

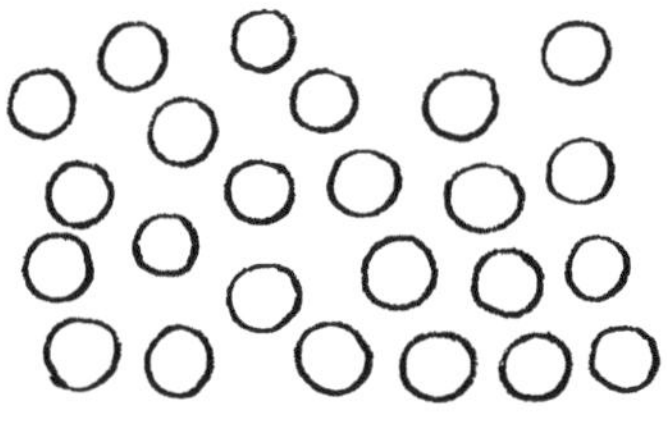

☐ : 4 = ☐

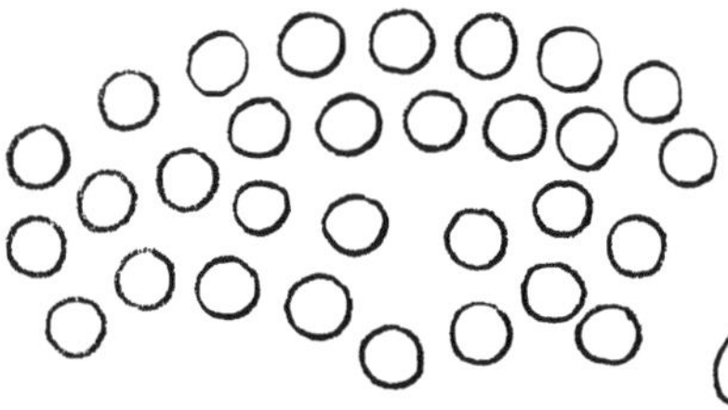

☐ : ☐ = ☐

❶ Verteile die Mäuse. Bilde gleich große Gruppen.

9 : 3 = ☐ ☐ : ☐ = ☐

❷ Verteile das Obst in gleich große Portionen.

☐ : 4 = ☐ ☐ : ☐ = ☐ ☐ : ☐ = ☐

❸

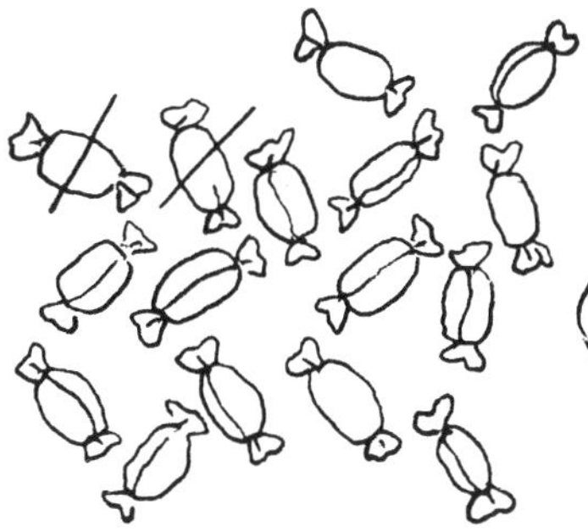

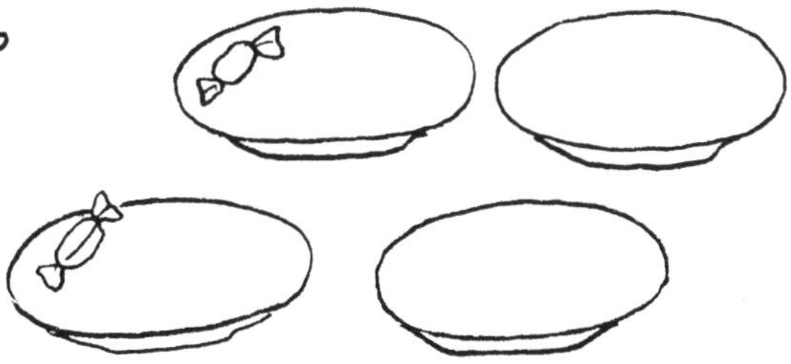

16 : 4 = ☐

❹ Verteile die Karten an 3 Mäuse. Male.

☐ : ☐ = ☐

❶ Zweiersprünge

		6						18	

❷ Male die Kreise mit 2er-Zahlen an.

9 1 10 7 2 0 18 7 16 23 8

4 17 29 21 13 3 19 11 27 1

5 25 11 14 15 12 17 6 7 20 15

❸ 2 · 2 = ☐   7 · 2 = ☐   3 · 2 = ☐   6 · 2 = ☐

4 · 2 = ☐   5 · 2 = ☐   8 · 2 = ☐   9 · 2 = ☐

❹ ☐ · 2 = 20   ☐ · 2 = 2   ☐ · 2 = 6   ☐ · 2 = 16

☐ · 2 = 14   ☐ · 2 = 18   ☐ · 2 = 10   ☐ · 2 = 4

❺ 8 = ☐ · 2   20 = ☐ · 2   14 = ☐ · 2   4 = ☐ · 2

12 = ☐ · 2   2 = ☐ · 2   16 = ☐ · 2   10 = ☐ · 2

❻ Verbinde Aufgabe und Ergebnis.

6 · 2   3 · 2   5 · 2   4 · 2   9 · 2   1 · 2   10 · 2

6   12   8   10   20   2   18

❼ Immer das Doppelte.

·	3	0	4	1	7	5	10	8	2	6	9
2											

❶ Bündele richtig, rechne aus.

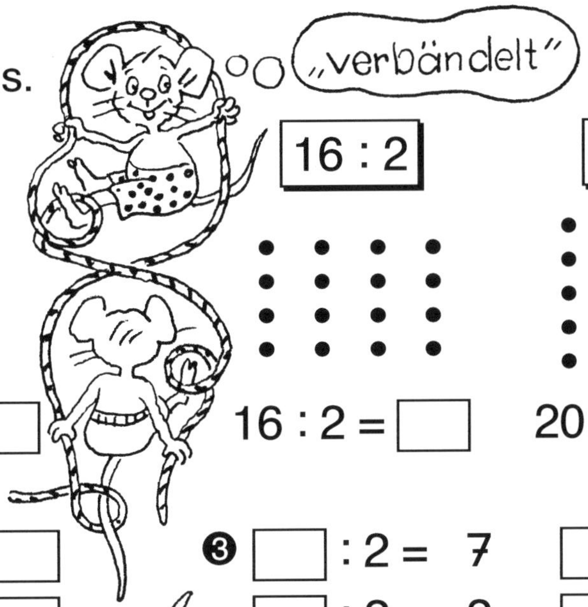

8 : 2	12 : 2	16 : 2	20 : 2
8 : 2 = ☐	12 : 2 = ☐	16 : 2 = ☐	20 : 2 = ☐

❷

6 : 2 = ☐	4 : 2 = ☐
14 : 2 = ☐	10 : 2 = ☐
20 : 2 = ☐	16 : 2 = ☐
12 : 2 = ☐	2 : 2 = ☐
8 : 2 = ☐	18 : 2 = ☐

❸

☐ : 2 = 7	☐ : 2 = 1
☐ : 2 = 2	☐ : 2 = 6
☐ : 2 = 10	☐ : 2 = 3
☐ : 2 = 9	☐ : 2 = 8
☐ : 2 = 5	☐ : 2 = 4

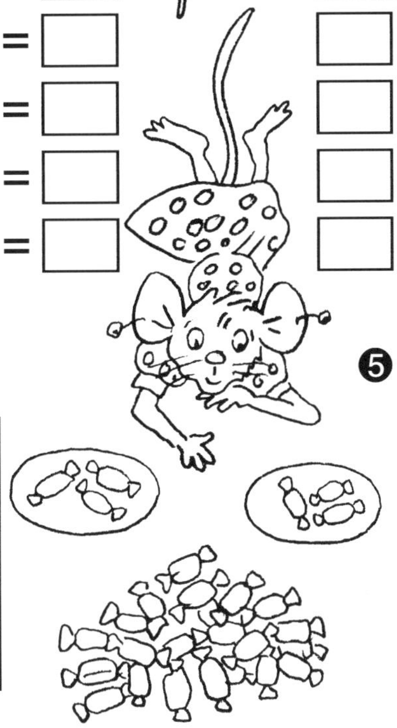

❹

: 2	
10	
6	
12	
8	
16	

: 2	
4	
18	
2	
14	
20	

❺

: 2	
	7
	4
	10
	3
	1

: 2	
	2
	5
	8
	9
	6

❻ Aufgabe und Umkehraufgabe

3 · 2 = ☐	8 · 2 = ☐	2 · 2 = ☐	6 · 2 = ☐
6 : 2 = ☐	16 : 2 = ☐	4 : 2 = ☐	12 : 2 = ☐
7 · 2 = ☐	9 · 2 = ☐	5 · 2 = ☐	
14 : 2 = ☐	18 : 2 = ☐	10 : 2 = ☐	

❼ Rückwärtssprünge

20 → ◯ → ◯ → ◯ → ◯ → ◯ → 8 → ◯ → ◯ → ◯

❶ Vierersprünge

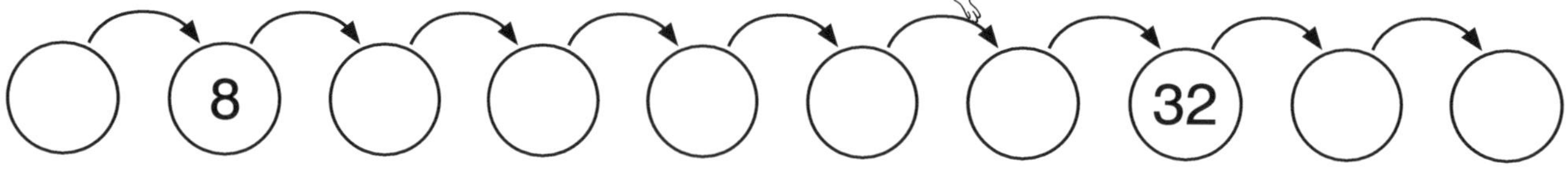

❷ Male Kringelbilder. Rechne aus.

3 · 4 | 5 · 4 | 4 · 4 | 6 · 4

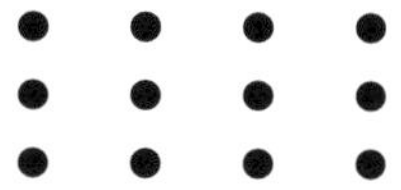

3 · 4 = ☐ 5 · 4 = ☐ 4 · 4 = ☐ 6 · 4 = ☐

❸ 2 · 4 = ☐ 5 · 4 = ☐ 10 · 4 = ☐ 9 · 4 = ☐

3 · 4 = ☐ 1 · 4 = ☐ 8 · 4 = ☐ 0 · 4 = ☐

7 · 4 = ☐ 6 · 4 = ☐ 4 · 4 = ☐

❹ ☐ · 4 = 36 ☐ · 4 = 0 ☐ · 4 = 12

☐ · 4 = 32 ☐ · 4 = 28 ☐ · 4 = 24

☐ · 4 = 20 ☐ · 4 = 4 ☐ · 4 = 40 ☐ · 4 = 4

❺ 16 = ☐ · 4 24 = ☐ · 4 36 = ☐ · 4 12 = ☐ · 4

4 = ☐ · 4 28 = ☐ · 4 32 = ☐ · 4 20 = ☐ · 4

❻

· 4	2	6	0	4	7	3	8	10	9	1	5

❼ Male die Felder mit 4er-Zahlen an.

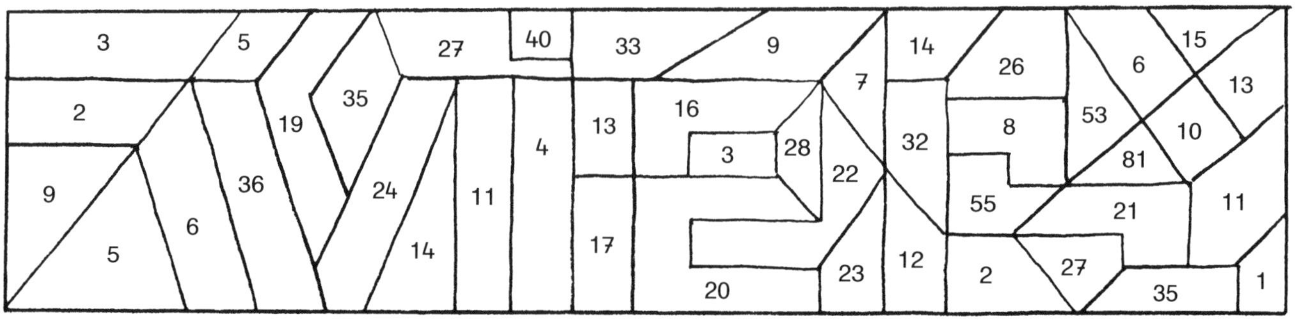

❶ Bündele richtig, rechne aus.

12 : 4	28 : 4	16 : 4	36 : 4

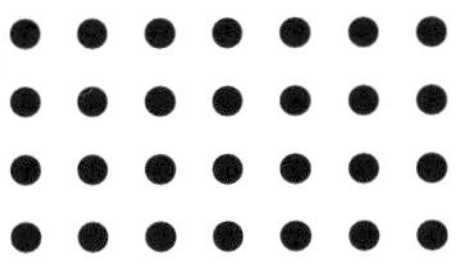

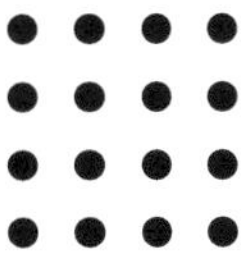

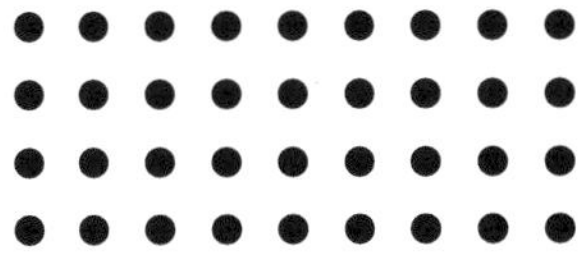

12 : 4 = ☐ 28 : 4 = ☐ 16 : 4 = ☐ 36 : 4 = ☐

❷
24 : 4 = ☐ 8 : 4 = ☐
12 : 4 = ☐ 40 : 4 = ☐
4 : 4 = ☐ 28 : 4 = ☐
32 : 4 = ☐ 16 : 4 = ☐
20 : 4 = ☐ 36 : 4 = ☐

❸
☐ : 4 = 7 ☐ : 4 = 6
☐ : 4 = 3 ☐ : 4 = 9
☐ : 4 = 5 ☐ : 4 = 2
☐ : 4 = 1 ☐ : 4 = 10
☐ : 4 = 8 ☐ : 4 = 4

❹ Verbinde Aufgabe und Ergebnis.

16 : 4	36 : 4	12 : 4	8 : 4	32 : 4	24 : 4	20 : 4
2	3	9	5	4	6	8

❺

: 4

4	
28	
12	
36	
20	

: 4

24	
8	
32	
16	
40	

❻

: 4

	5
	8
	1
	9
	3

: 4

	2
	7
	4
	6
	10

❼ Aufgabe und Umkehraufgabe

5 · 4 = ☐
20 : 4 = ☐

3 · 4 = ☐
____

____
16 : 4 = ☐

6 · 4 = ☐
____

____
28 : 4 = ☐

9 · 4 = ☐
____

____
32 : 4 = ☐

❶

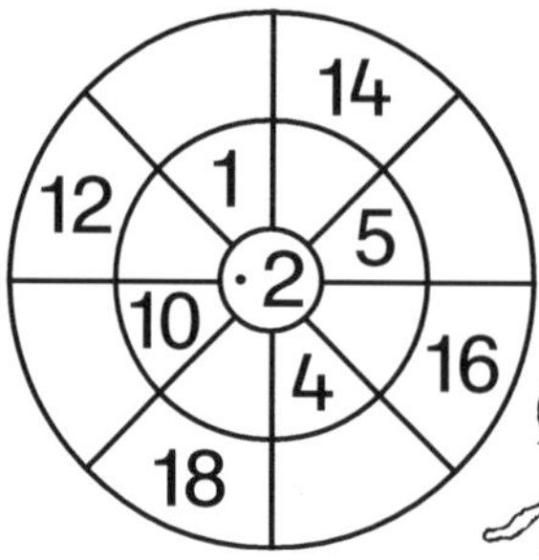

❷

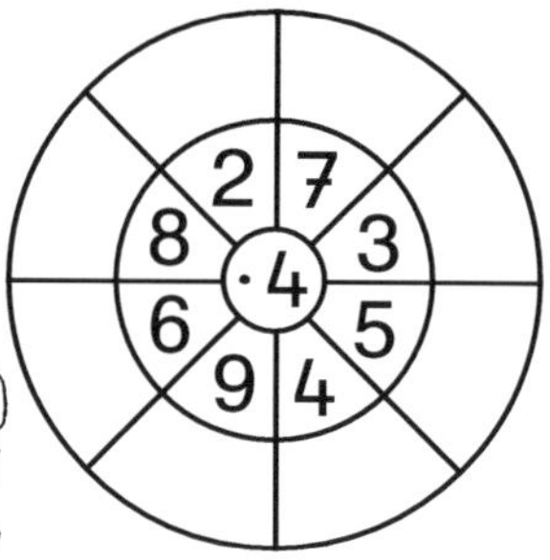

❸ Male Aufgabe und Ergebnis in der gleichen Farbe an.

8 · 2 | 0 · 2 | 6 · 2 | 2 · 4 | 10 · 2 | 1 · 4 | 3 · 4 | 4 · 4 | 2 · 2 | 5 · 4 | 0 · 4 | 4 · 2

12 | 20 | 16 | 8 | 0 | 4

❹ Setze die Zeichen (<) (>) (=) richtig ein.

3 · 2 ○ 7	2 · 2 ○ 2 · 4	6 · 4 ○ 10 · 2
7 · 4 ○ 28	4 · 4 ○ 7 · 2	3 · 4 ○ 8 · 2
9 · 2 ○ 19	10 · 2 ○ 5 · 4	0 · 4 ○ 0 · 2

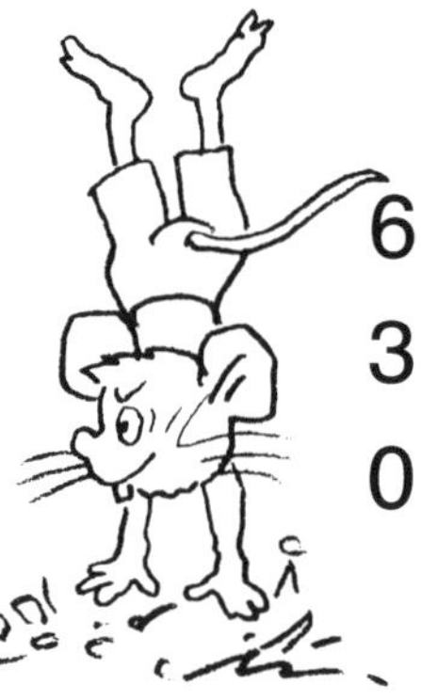

❺

	7	2	9	3	6	4	0	1	8	5	10
· 2											
· 4											

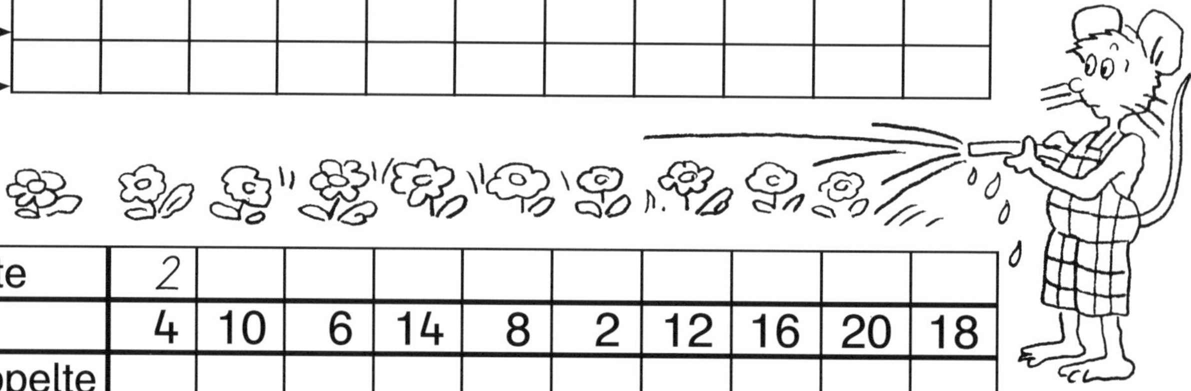

❻

die Hälfte	2									
Zahl	4	10	6	14	8	2	12	16	20	18
das Doppelte										

❶

24									
6 · 4	24 : 4	9 · 4	14 : 2	9 · 2	12 : 2	7 · 4	18 : 2	20 : 4	8 · 2
7	28	9	6	5	18	36	~~24~~	16	6

❷ Male Aufgabe und Ergebnis in der gleichen Farbe an.

8 : 2 | 6 : 2 | 10 : 2 | 40 : 4 | 32 : 4 | 16 : 2 | 8 : 4 | 12 : 4 | 20 : 2 | 4 : 2 | 16 : 4 | 20 : 4

5 | 3 | 10 | 4 | 2 | 8

❸ Kreise alle 2er-Zahlen rot ein.
Kreise alle 4er-Zahlen blau ein.

11 18 23 28 27 16 32
2 36 4 20 6 8 40
38 24 19 25 30 22
10 26 12 34 14 21

❹ Jede Zahl steht für einen Buchstaben.

3	4	6	7	8	9	10	12	14	16	20	28
I	U	O	H	A	R	N	K	B	E	T	C

E
___ 4 · 4 | ___ 12 : 4 | ___ 7 · 4 | ___ 28 : 4 | ___ 8 · 2

___ 5 · 4 | ___ 32 : 4 | ___ 20 : 2 | ___ 40 : 4 | ___ 4 · 4

___ 7 · 2 | ___ 6 : 2 | ___ 18 : 2 | ___ 6 · 2 | ___ 8 · 2

___ 4 · 2 | ___ 14 : 2 | ___ 3 · 2 | ___ 36 : 4 | ___ 5 · 2

❺ Rückwärtssprünge

○ → 36 → ○ → ○ → ○ → ○ → ○ → 12 → ○ → ○

❶ Zehnersprünge

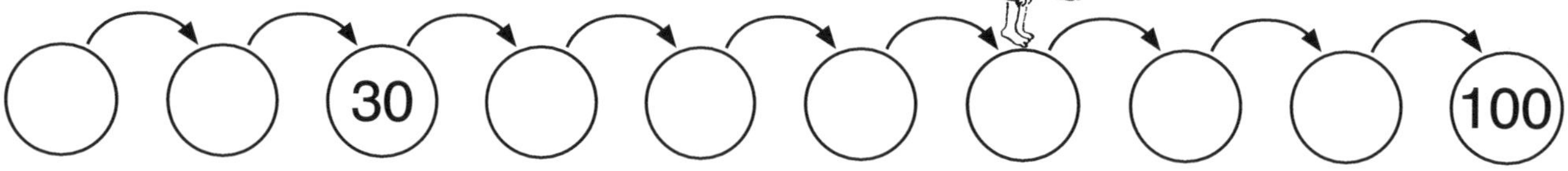

❷ Wie viel Geld ist es?

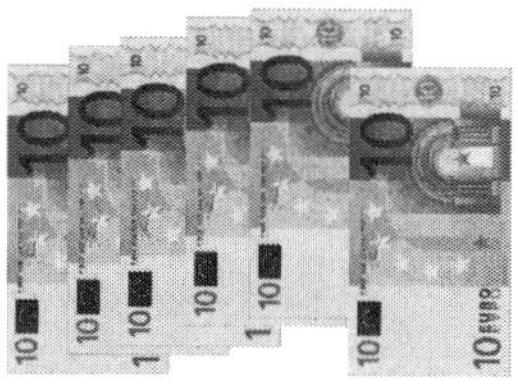

2 · 10 € = ___ € 4 · 10 € = ___ € 6 · 10 € = ___ €

❸
1 · 10 = ☐ 2 · 10 = ☐ 9 · 10 = ☐ 10 · 10 = ☐
7 · 10 = ☐ 8 · 10 = ☐ 3 · 10 = ☐
5 · 10 = ☐ 6 · 10 = ☐ 4 · 10 = ☐

❹
☐ · 10 = 30 ☐ · 10 = 40 50 = ☐ · 10 100 = ☐ · 10
☐ · 10 = 60 ☐ · 10 = 20 70 = ☐ · 10 40 = ☐ · 10
☐ · 10 = 90 ☐ · 10 = 10 80 = ☐ · 10 30 = ☐ · 10

Arbeite an der Hundertertafel so:

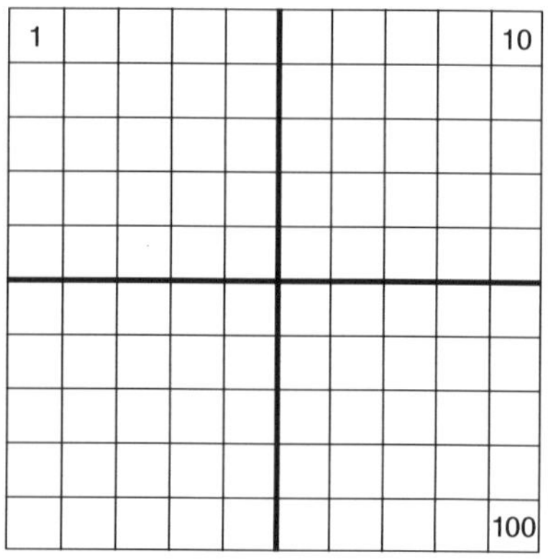

❺ Zur Aufgabe [2 · 10] gehören die Kästchen 1 bis 20. Male sie rot an.

❻ Male in alle Kästchen einen Punkt [•], die zur Aufgabe [5 · 10] gehören.

❼ Male in alle Kästchen ein Keuz [☒], die zur Aufgabe [7 · 10] gehören.

❽ Schreibe alle Zahlen auf, die ein Kreuz haben, aber nicht rot angemalt sind und auch keinen Punkt haben.

____

____

❶ Immer 10 Eier in eine Schachtel.

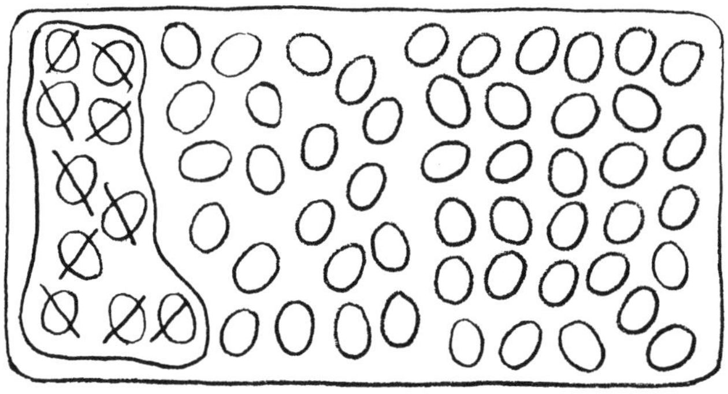

Mein Ergebnis: ☐ Schachteln

☐ · 10 = ☐

☐ : 10 = ☐

❷

7 : 1 = ☐	5 : 1 = ☐	9 : 1 = ☐	4 : 1 = ☐
70 : 10 = ☐	50 : 10 = ☐	90 : 10 = ☐	40 : 10 = ☐
1 : 1 = ☐	3 : 1 = ☐	10 : 1 = ☐	8 : 1 = ☐
10 : 10 = ☐	30 : 10 = ☐	100 : 10 = ☐	80 : 10 = ☐

❸

☐ : 10 = 5	☐ : 10 = 9	8 = ☐ : 10	2 = ☐ : 10
☐ : 10 = 4	☐ : 10 = 7	10 = ☐ : 10	7 = ☐ : 10
☐ : 10 = 3	☐ : 10 = 6	1 = ☐ : 10	5 = ☐ : 10

❹ Kreise immer 10 ein. Immer bleibt etwas übrig.

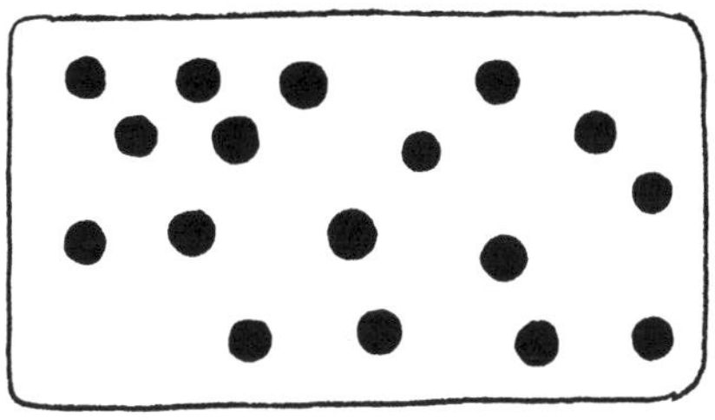

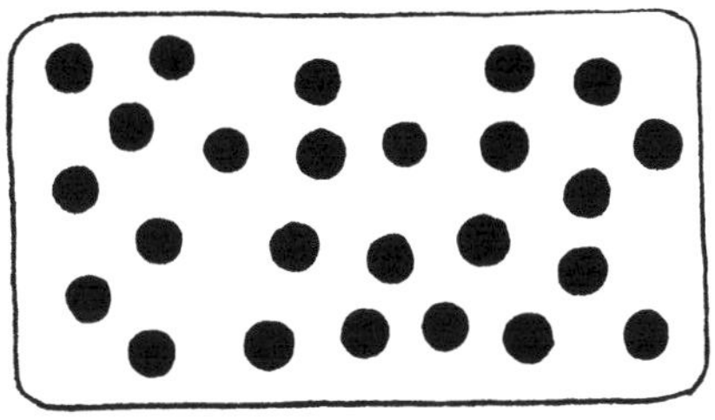

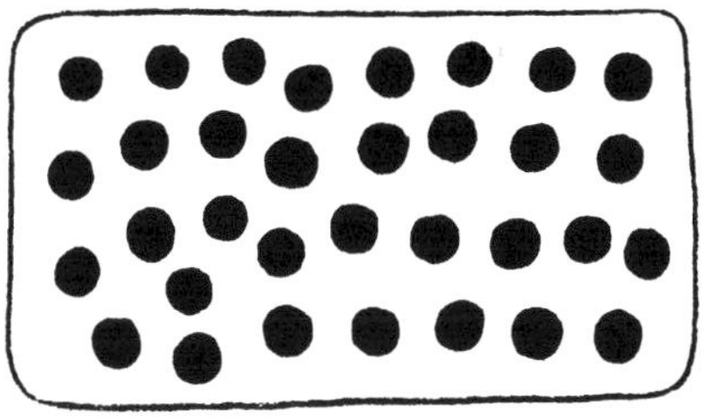

17 : 10 = ☐ Rest ☐ 25 : 10 = ☐ Rest ☐ 33 : 10 = ☐ Rest ☐

❺

50 : 10 | 70 : 10 | 100 : 10 | 30 : 10

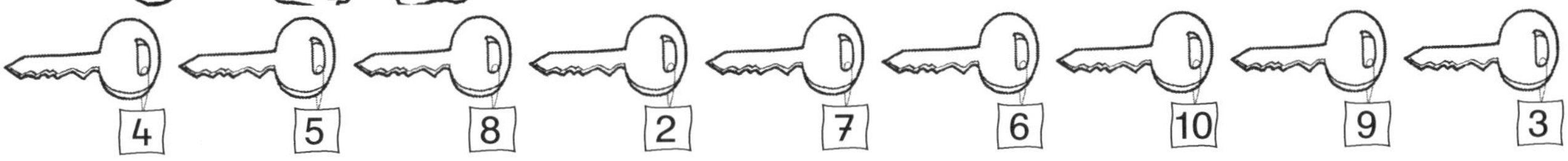

80 : 10 | 40 : 10 | 90 : 10 | 60 : 10

Ein Schlüssel bleibt übrig. Male ihn rot an!

❶ Fünfersprünge

◯ → (10) → ◯ → ◯ → ◯ → ◯ → ◯ → ◯ → ◯ → (50)

❷ Male zu jeder Aufgabe ein Karofeld. Male Aufgabe und Karofeld in der gleichen Farbe an.

3 · 5	9 · 5	4 · 5	6 · 5	2 · 5	5 · 5	7 · 5	8 · 5

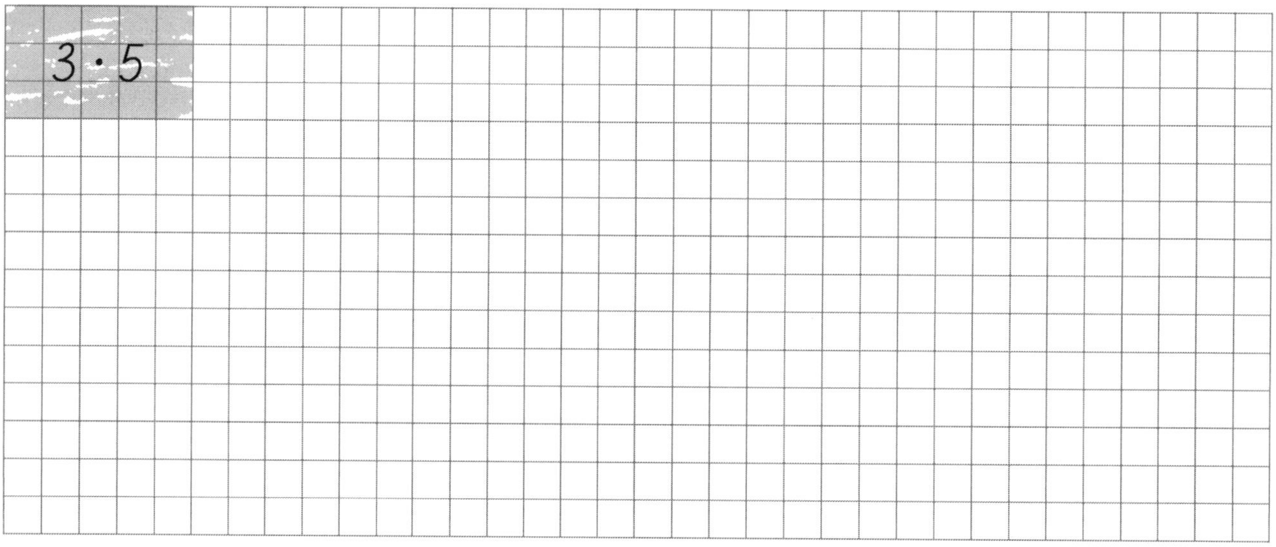

❸
2 · 5 = ☐
5 · 5 = ☐
8 · 5 = ☐
3 · 5 = ☐
7 · 5 = ☐

❹
4 · 5 = ☐
☐ · 5 = 5
6 · 5 = ☐
☐ · 5 = 20
9 · 5 = ☐

❺
☐ · 5 = 10
3 · ☐ = 15
☐ · 5 = 25
7 · ☐ = 35
☐ · 5 = 45

❻ Rechne schlau!

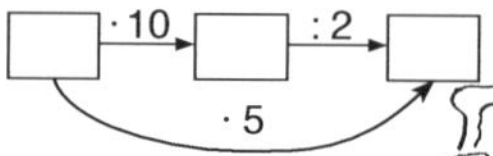

	1	2	3	4	5	6	7	8	9	10	
· 10	10										· 5
: 2	5										

❼ Male die 5er-Zahlen an.

3 35 5 25 48
7 45 12 38 51
41 50 10 30 56
27 33 13 15 1
12 40 20 29
14 32 44 19

Division durch 5

❶ Immer 5 Orangen.

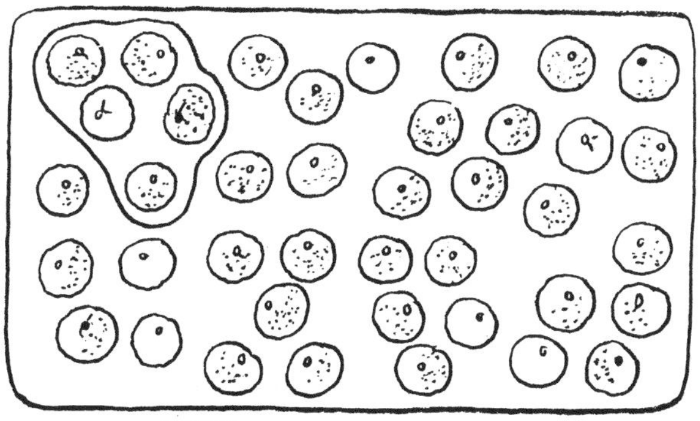

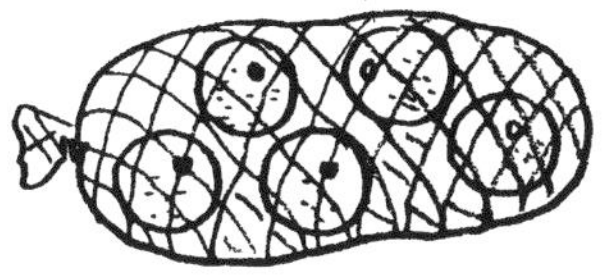

□ : 5 = □

❷ Immer 5 Würfel.

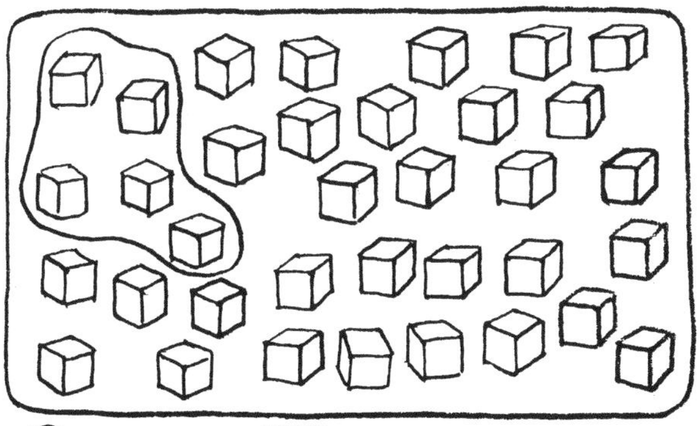

□ : 5 = □

❸ 20 : 5 = □　　45 : 5 = □　　5 : 5 = □　　50 : 5 = □

25 : 5 = □　　35 : 5 = □　　10 : 5 = □　　15 : 5 = □

❹ □ : 5 = 4　　□ : 5 = 7　　□ : 5 = 3　　□ : 5 = 8

□ : 5 = 5　　□ : 5 = 10　　□ : 5 = 6　　□ : 5 = 1

□ : 5 = 2　　□ : 5 = 0　　□ : 5 = 9

❺ Rechne hin und zurück.

30 →(: 5)→ □ →(· 5)→ 30

□ →(: 5)→ 8 →(· 5)→ □

35 →(: 5)→ □ →(· 5)→ 35

□ →(: 5)→ 4 →(· 5)→ □

□ →(: 5)→ 5 →(· 5)→ □

5 →(: 5)→ □ →(· 5)→ 5

10 →(: 5)→ □ →(· 5)→ 10

□ →(: 5)→ 10 →(· 5)→ □

❻ Kreise immer 5 ein. Immer bleibt etwas übrig.

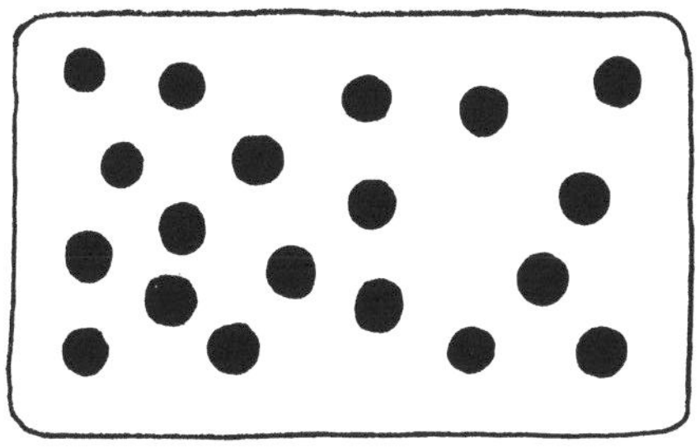

19 : 5 = □ Rest □

36 : 5 = □ Rest □

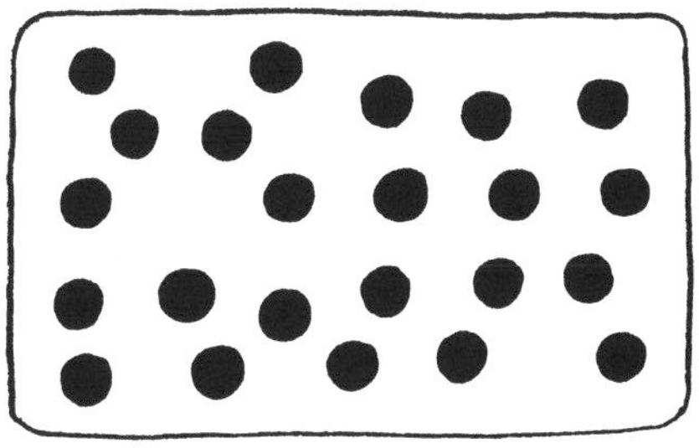

□ : 5 = □ Rest □

❶

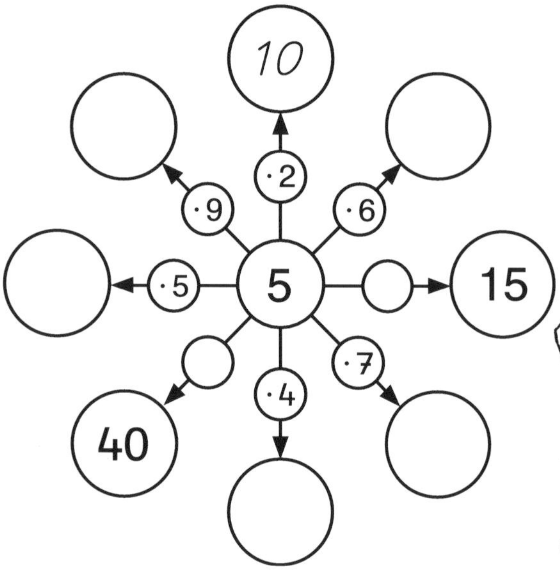

❷

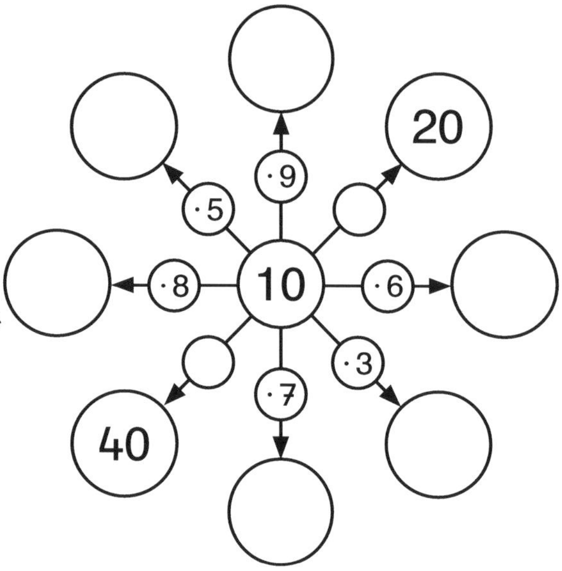

❸ Immer drei Zahlen bilden eine Aufgabe. Verwende alle Zahlen.

☐ : 5 = ☐
☐ : ☐ = ☐
☐ : ☐ = ☐
☐ : ☐ = ☐

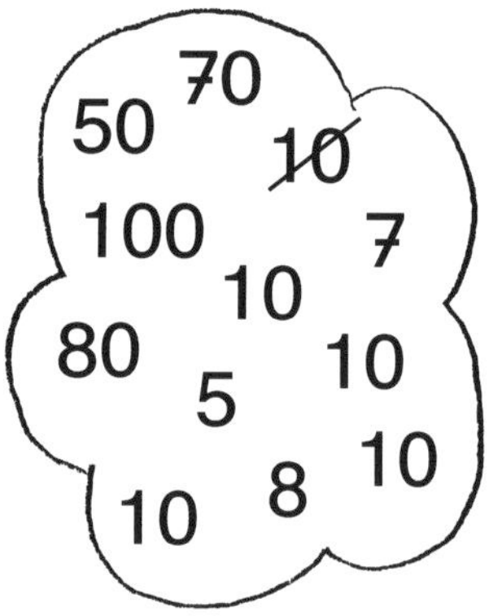

☐ : 10 = ☐
☐ : ☐ = ☐
☐ : ☐ = ☐
☐ : ☐ = ☐

❹ Rechne. Immer zwei Aufgaben gehören zusammen.

10 · 10 = ___ 10 · 5 = ___	6 · 10 = ___ 6 · 5 = ___	4 · 10 = ___ ___ · ___ = ___	___ · 10 = 70 ___ · ___ = ___
___ · ___ = ___ 8 · 5 = ___	___ · 10 = 30 ___ · ___ = ___	___ · ___ = ___ ___ · 5 = 25	___ · 10 = 90 ___ · ___ = ___

Überprüfe, welcher Satz stimmt? Kreuze an.

	richtig	falsch
—(·5)→ ergibt doppelt so viel wie —(·10)→	☐	☐
—(·5)→ ergibt halb so viel wie —(·10)→	☐	☐

❺ Rechne hin und zurück.

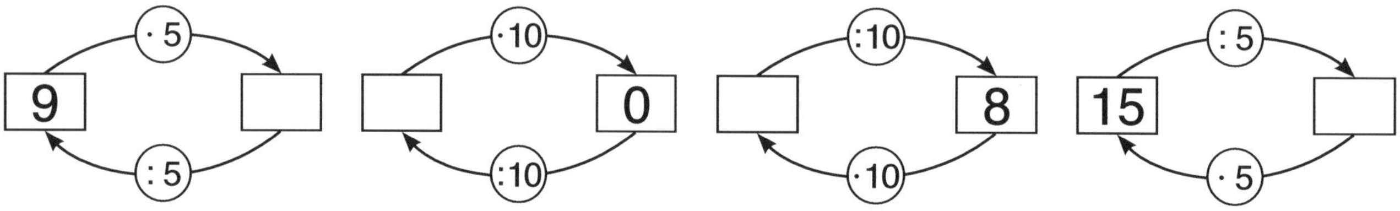

❶ +5 →, +5 ↓

20			

❷ +10 →, +10 ↓

		70	

❸ Aufgabe und Umkehraufgabe

$4 \cdot 5 = \square$
$20 : 5 = \square$

$5 \cdot 5 = \square$
$\square : 5 = \square$

$10 \cdot 5 = \square$
$\square : 5 = \square$

$7 \cdot 5 = \square$
$\square : 5 = \square$

$3 \cdot 10 = \square$
$\square : 10 = \square$

$5 \cdot 10 = \square$
$\square : 10 = \square$

$9 \cdot 10 = \square$
$\square : 10 = \square$

❹ Male die Ergebniszahlen mit den angegebenen Farben an.
Die Ergebniszahlen ergeben ein Muster.

BLAU: $2 \cdot 5$, $35 : 5$, $15 : 5$, $5 \cdot 5$, $6 \cdot 10$, $9 \cdot 10$, $7 \cdot 5$, $9 \cdot 5$

GELB: $1 \cdot 5$, $45 : 5$, $20 : 5$, $4 \cdot 5$, $5 : 5$, $10 \cdot 10$, $8 \cdot 10$, $8 \cdot 5$

ROT: $3 \cdot 5$, $40 : 5$, $7 \cdot 10$, $6 \cdot 5$, $10 : 5$, $0 \cdot 10$, $10 \cdot 5$, $30 : 5$

5	20	40	9	4	1	80	100
15 10	30 25	50 45	8 35	6 7	2 3	70 60	0 90

❶

1	2	3	4	5	6	7	8	9	10
11	12	13	14	15	16	17	18	19	20
21	22	23	24	25	26	27	28	29	30
31	32	33	34	35	36	37	38	39	40
41	42	43	44	45	46	47	48	49	50
51	52	53	54	55	56	57	58	59	60
61	62	63	64	65	66	67	68	69	70
71	72	73	74	75	76	77	78	79	80
81	82	83	84	85	86	87	88	89	90
91	92	93	94	95	96	97	98	99	100

- Färbe die 4er-Zahlen bis 40 gelb.
- Kreuze die 5er-Zahlen bis 50 blau an.
- Kreise die 10er-Zahlen bis 100 rot ein.
- Welche Zahlenfelder sind gelb, haben ein Kreuz und einen Kreis? Schreibe auf.

____

❷

·	4	10	2	5
3				
9				
4				
0				
7				
6				
5				
8				

zu ❷:

		0	60
0	14	50	20
25		16	80
36	10	20	30
16	8	0	40
35	15	6	18
90	28	40	70
12	45	12	32
0	30	24	

❸ Immer drei Zahlen bilden eine Aufgabe.

28 5 7 35 7 4 5 9 45

☐ · ☐ = ☐

☐ : ☐ = ☐

☐ : ☐ = ☐

❹

A	B	C	D	E	F	G	H	I	J	K	L	M
7 · 2	7 · 4	7 · 5	7 · 10	6 · 2	6 · 4	6 · 5	6 · 10	8 · 2	8 · 4	8 · 5	8 · 10	5 · 5

N	O	P	Q	R	S	T	U	V	W	X	Y	Z
5 · 10	4 · 5	9 · 5	5 · 2	3 · 5	28 : 4	25 : 5	45 : 5	16 : 2	30 : 10	60 : 10	20 : 5	20 : 10

__ __ __ __
30 14 50 7

__ __ __ __ __
5 14 9 28 12

__ __ __ __ __
14 25 7 12 80

__ __ __ __
24 16 50 40

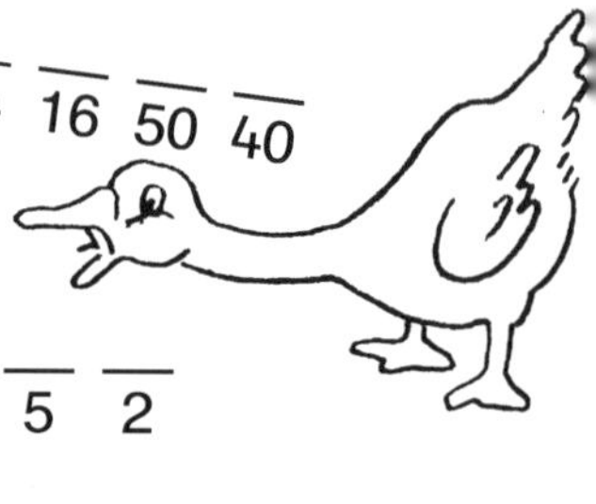

__ __ __ __ __
7 45 14 5 2

Das kann ich schon!

1

2

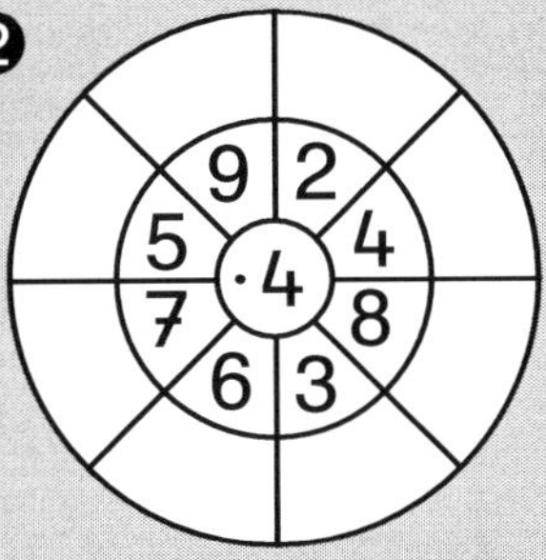

3

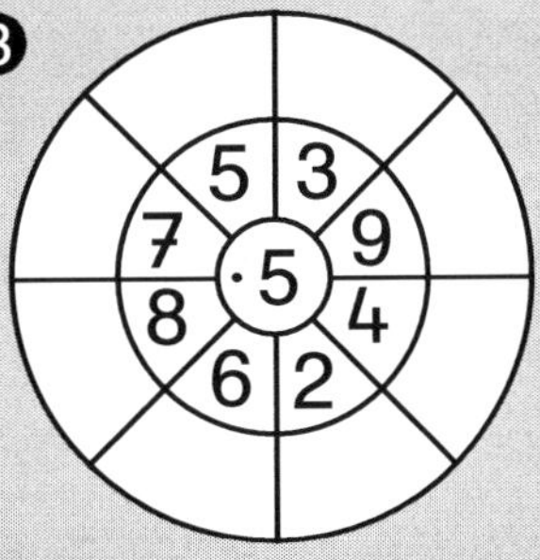

4

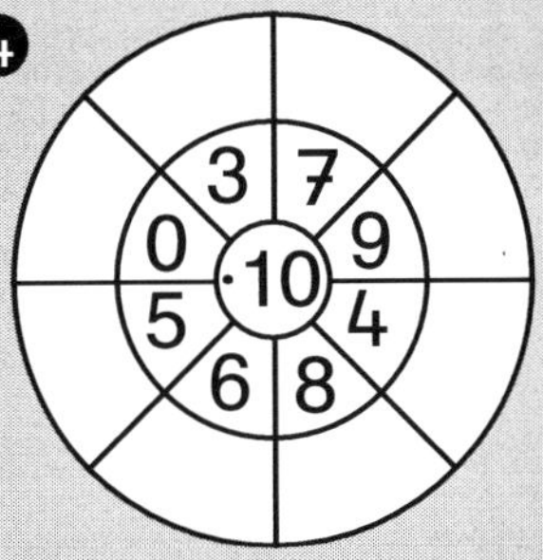

5

3 · 4 = ☐
4 · 5 = ☐
6 · 2 = ☐
3 · 10 = ☐
7 · 4 = ☐
8 · 5 = ☐
9 · 2 = ☐
4 · 10 = ☐

6

10 · ☐ = 100
5 · ☐ = 10
10 · ☐ = 50
5 · ☐ = 20
6 · ☐ = 60
7 · ☐ = 14
6 · ☐ = 30
8 · ☐ = 32

7

6 : 2 = ☐
15 : 5 = ☐
36 : 4 = ☐
10 : 10 = ☐
0 : 2 = ☐
35 : 5 = ☐
8 : 4 = ☐
70 : 10 = ☐

8 Richtig ☑ oder falsch [f]?

4 · 2 = 8 ☐	9 · 5 = 44 ☐	7 · 4 < 5 · 5 ☐
5 · 5 = 25 ☐	8 · 10 = 80 ☐	10 · 4 = 8 · 5 ☐
4 · 4 = 18 ☐	0 · 4 = 4 ☐	6 · 2 > 5 · 4 ☐
8 · 2 = 14 ☐	5 · 10 = 15 ☐	9 · 2 < 4 · 5 ☐

9

☐ —(·4)→ ☐ —(:2)→ 8 —(·)→ ☐ —(:4)→ 6

☐ —(:10)→ ☐ —(·5)→ ☐ —(·4)→ 20 —(:2)→ ☐

Diese Aufgaben kann ich schon: ________ ☺

Diese Aufgaben muss ich üben: ________ 😐

Diese Aufgaben kann ich nicht: ________ ☹

❶ Dreiersprünge

◯ → ◯ → ◯ → (12) → ◯ → ◯ → ◯ → ◯ → (27) → ◯

❷ (+3) → ; (+3) ↓

0						
			12			
					24	

❸ Male die 3er-Zahlen an.

❹ 2 · 3 = ☐ 4 · 3 = ☐ 5 · 3 = ☐ 7 · 3 = ☐
3 · 3 = ☐ 8 · 3 = ☐ 6 · 3 = ☐ 9 · 3 = ☐

❺ ☐ · 3 = 6 ☐ · 3 = 30 ☐ · 3 = 12 ☐ · 3 = 9
☐ · 3 = 24 ☐ · 3 = 0 ☐ · 3 = 3 ☐ · 3 = 27

❻ 15 = ☐ · 3 9 = ☐ · 3 18 = ☐ · 3 0 = ☐ · 3
21 = ☐ · 3 24 = ☐ · 3 27 = ☐ · 3 3 = ☐ · 3

❼ Finde den Lösungssatz.

10	11	12	13	14	15	16	17	18	19	20
C	H	T	M	N	G	I	S	E	U	A

____ 7 · 3 − 6 ____ 8 · 3 − 5 ____ 2 · 3 + 6

____ 4 · 3 + 3 ____ 5 · 3 + 3 ____ 3 · 3 + 4 ____ 6 · 3 + 2 ____ 1 · 3 + 7 ____ 4 · 3 − 1 ____ 8 · 3 − 12 !

❶ Kreise immer 3 ein.

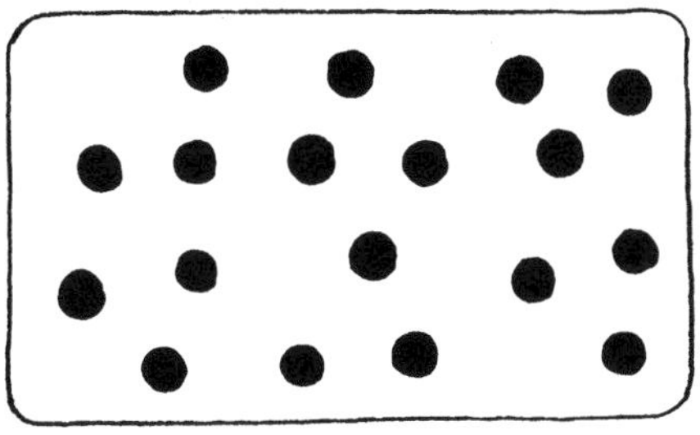

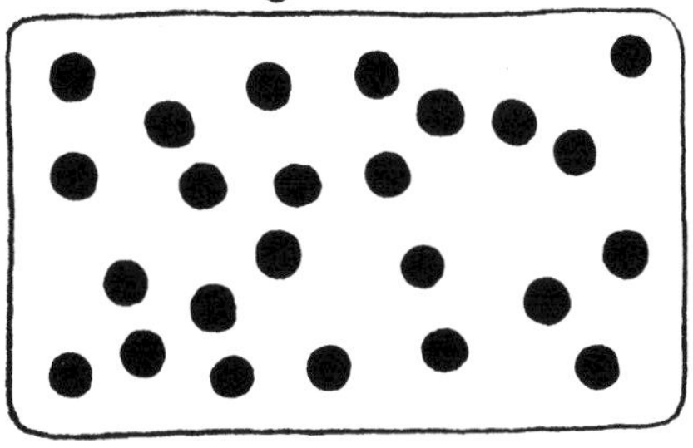

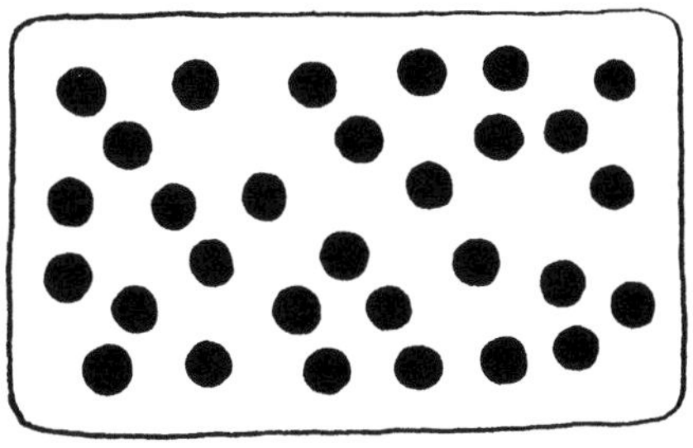

18 : 3 = ☐ ☐ : 3 = ☐ ☐ : 3 = ☐

❷ Aufgabe und Umkehraufgabe

4 · 3 = ☐
12 : 3 = ☐

2 · 3 = ☐
6 : 3 = ☐

7 · 3 = ☐
____

9 · 3 = ☐
____

1 · 3 = ☐
____

5 · 3 = ☐
____

3 · 3 = ☐
____

❸ : 3

15	9	12	18	0	30	21	6	27	24	3

❹ 15 : 3 = ☐ 12 : ☐ = 4 27 : 3 = ☐ ☐ : 3 = 6
24 : 3 = ☐ 9 : ☐ = 3 3 : 3 = ☐ ☐ : 3 = 10

❺ Kreise immer 3 ein. Immer bleibt etwas übrig.

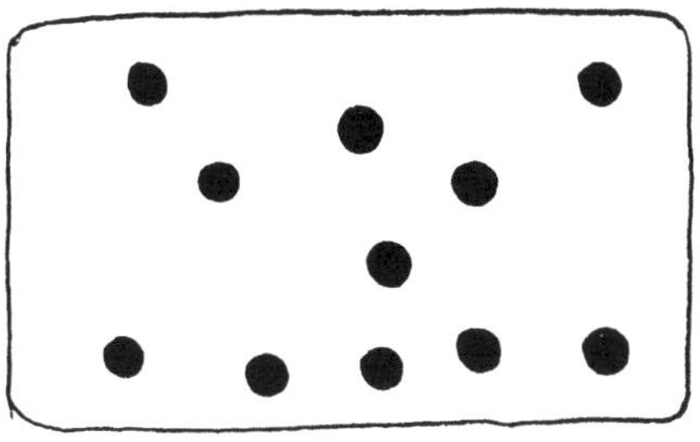

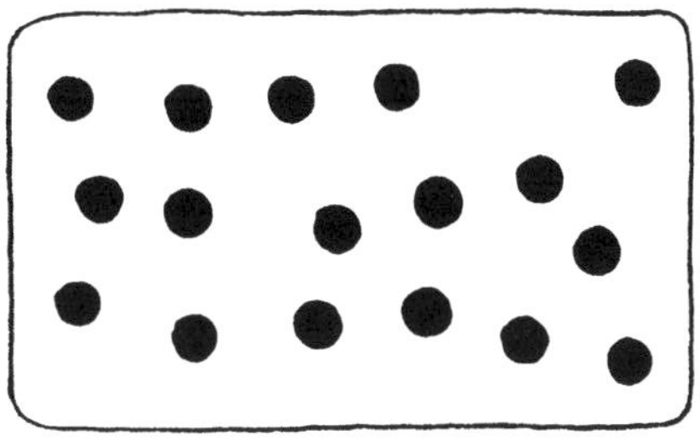

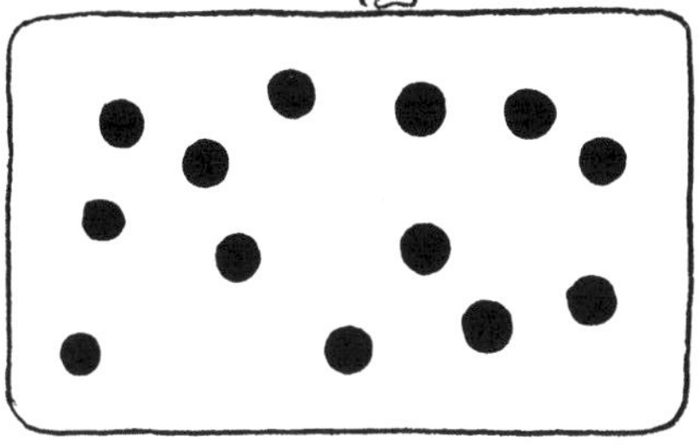

11 : 3 = ☐ Rest ☐ ☐ : 3 = ☐ Rest ☐ ☐ : 3 = ☐ Rest ☐

❻ Rückwärtssprünge

30 → ◯ → ◯ → ◯ → ◯ → 15 → ◯ → ◯ → ◯ → ◯

❶ Sechsersprünge

☐	12	☐	☐	☐	☐	☐	48	☐	☐

❷ Male Kringelbilder. Rechne aus.

4 · 6	6 · 6	3 · 6	7 · 6
4 · 6 = ☐	6 · 6 = ☐	3 · 6 = ☐	7 · 6 = ☐

❸

1 · 6 = ☐	2 · 6 = ☐	10 · 6 = ☐	
5 · 6 = ☐	9 · 6 = ☐	4 · 6 = ☐	
8 · 6 = ☐	3 · 6 = ☐	7 · 6 = ☐	6 · 6 = ☐

❹

☐ · 6 = 12	☐ · 6 = 60	☐ · 6 = 30	☐ · 6 = 54
☐ · 6 = 36	☐ · 6 = 48	☐ · 6 = 24	☐ · 6 = 6

❺

42 = ☐ · 6	18 = ☐ · 6	48 = ☐ · 6	12 = ☐ · 6
6 = ☐ · 6	54 = ☐ · 6	30 = ☐ · 6	36 = ☐ · 6

❻ Verbinde Aufgabe und Ergebnis.

2 · 6	5 · 6	8 · 6	3 · 6	9 · 6	4 · 6	6 · 6
48	54	12	18	36	30	24

❼ Male die Felder mit 6er-Zahlen an.

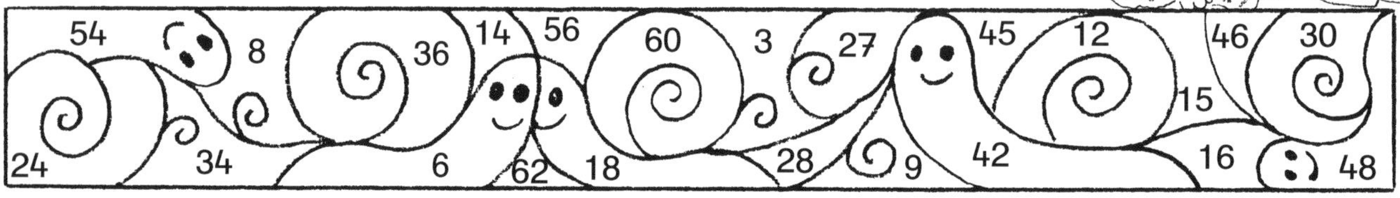

❶ Bündele richtig. Rechne aus.

30 : 6

30 : 6 = ☐

12 : 6

12 : 6 = ☐

54 : 6

54 : 6 = ☐

48 : 6

48 : 6 = ☐

❷ Aufgabe und Umkehraufgabe

9 · 6 = ☐
54 : 6 = ☐

4 · 6 = ☐
24 : 6 = ☐

1 · 6 = ☐
____

3 · 6 = ☐
____

2 · 6 = ☐
____

7 · 6 = ☐
____

5 · 6 = ☐
____

❸ Verbinde Aufgabe und Ergebnis.

48 : 6	18 : 6	36 : 6	60 : 6	12 : 6	42 : 6	30 : 6
3	2	8	6	7	5	10

❹ : 6

18	12	48	30	60	54	42	24	0	36	6

❺ : 6

42	
12	
36	
18	
54	

: 6

60	
6	
48	
24	
30	

❻ : 6

	5
	3
	9
	7
	1

: 6

	8
	2
	6
	4
	10

❶ +3 →, +3 ↓

9			

❷ +6 →, +6 ↓

	42		

❸

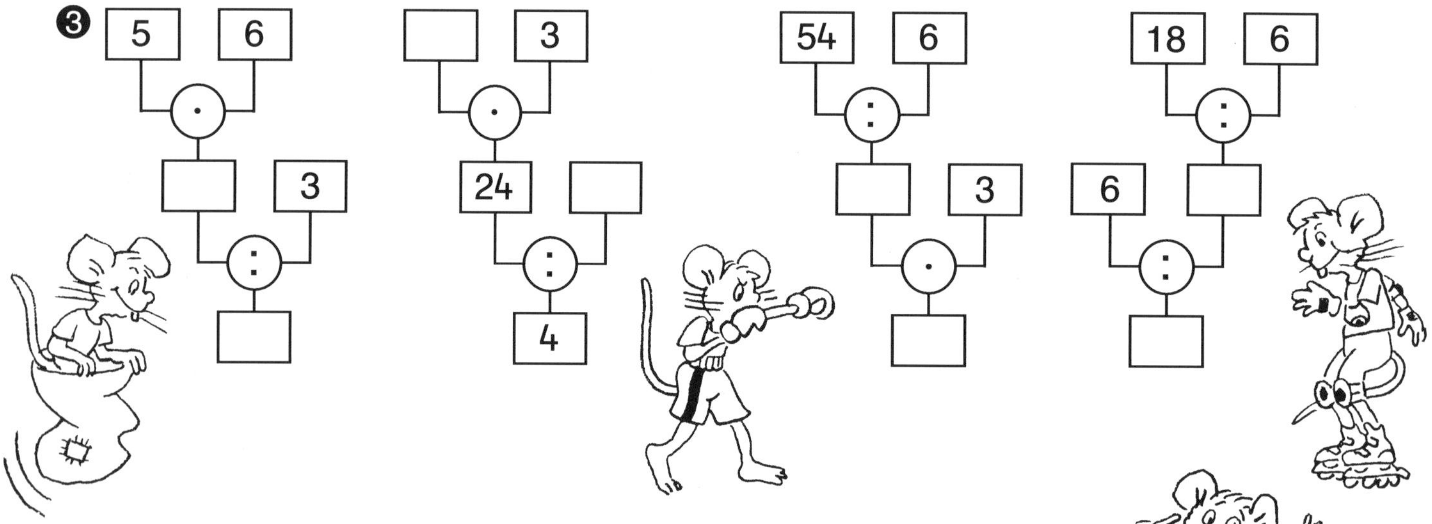

❹ Verdopple. Denke an die 3er-Reihe und die 6er-Reihe.

Zahl	3	18	6	21	9	24	12	27	15	30
das Doppelte	6									

❺ Male Aufgabe und Ergebnis in der gleichen Farbe an.

2 · 3 | 0 · 6 | 5 · 6 | 10 · 3 | 4 · 3 | 6 · 3 | 4 · 6 | 3 · 6 | 2 · 6 | 1 · 6 | 8 · 3 | 0 · 3

30 | 0 | 18 | 12 | 24 | 6

Üben mit 3 und 6

❶ Start

2	→ · 3 →	☐	→ · 3 →	☐	→ : 6 →	☐	→ · 4 →	☐
↓ · 6		↓ : 3		↓ : 3		↓ · 6		↓ : 2
☐	→ : 6 →	☐	→ · 3 →	☐	→ · 3 →	☐	→ : 3 →	☐
↓ : 3		↓ · 6		↓ : 6		↓ : 6		↓ · 4
☐	→ · 3 →	☐	→ –11 →	☐	→ · 3 →	☐	→ · 8 →	☐

Ziel

❷ Male die Felder mit den Ergebniszahlen in den angegebenen Farben an.

BLAU	9 · 3	6 : 6	3 : 3	6 · 6	
	48 : 6	24 : 3	9 · 6	6 · 8	
ROT	4 · 3	5 · 6	6 : 3	12 : 6	2 · 6
	7 · 3	10 · 6	21 : 3	10 · 3	42 : 6
GRÜN	2 · 3	9 : 3	30 : 3	6 · 3	
	18 : 3	60 : 6	3 · 6	18 : 6	
GELB	5 · 3	12 : 3	27 : 3	24 : 6	54 : 6
	8 · 3	15 : 3	4 · 6	30 : 6	7 · 6

	15	3	9
	12, 60	36, 8	2, 30
	4	6	5
	6	24	18
	27, 1	21, 7	1, 54
	10	9	10
	24	3	4
	2, 30	48, 8	7, 12
	5	18	42

❸ Halbiere. Denke an die 3er-Reihe und die 6er-Reihe.

Zahl	60	30	54	36	18	48	12	6	24	42
die Hälfte										

❹ Male Aufgabe und Ergebnis in der gleichen Farbe an.

12 : 3	4
42 : 6	7
24 : 3	6
54 : 6	2
12 : 6	9
27 : 3	8
6 : 3	
36 : 6	
48 : 6	
24 : 6	
18 : 3	
21 : 3	

❶
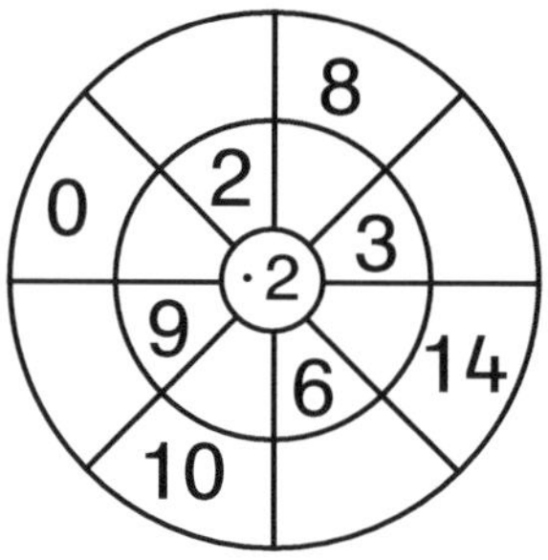

❷
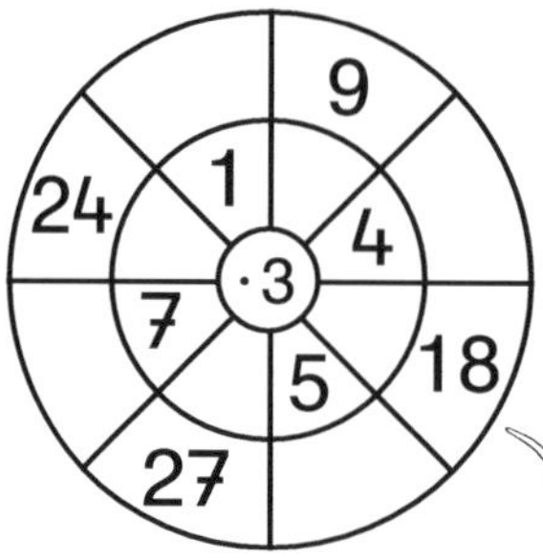

❸
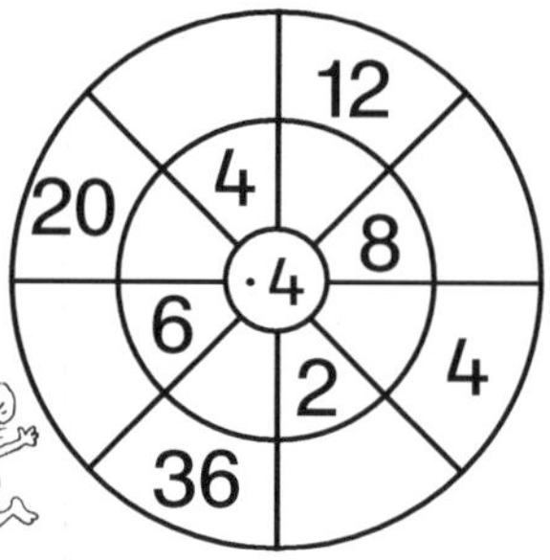

❹
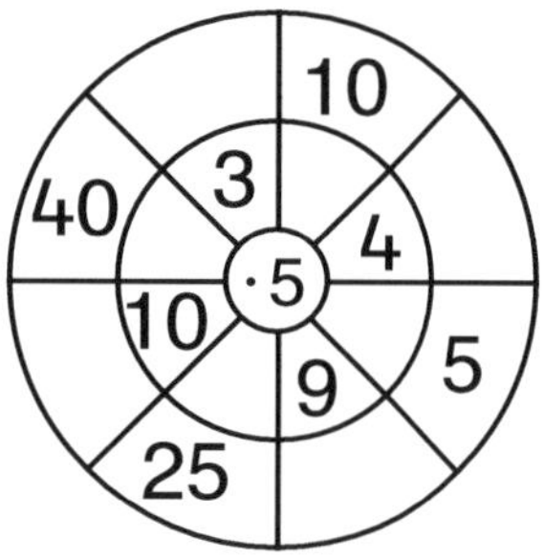

❺
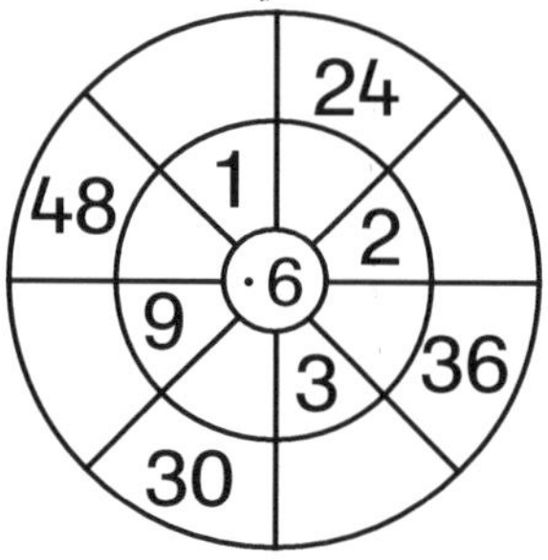

❻
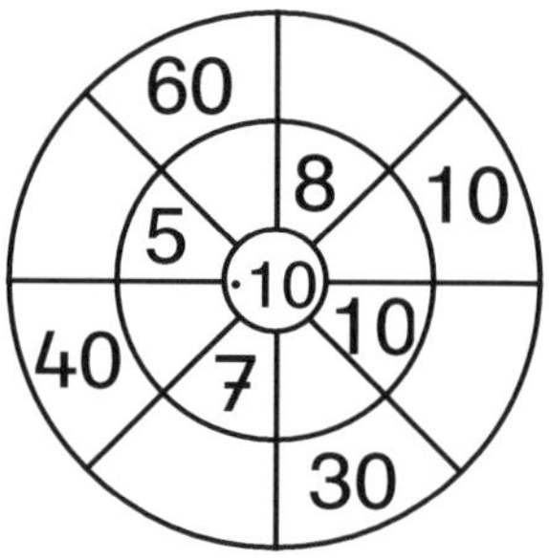

❼

·	6	4	1	9	0	2	10	3	8	5	7
2											
4											
6											
10											
5											

❽ Rechne hin und zurück.

- 2 → ·3 → ☐ ; ☐ → :3 → 2
- ☐ → ·5 → 30 ; 30 → :5 → ☐
- ☐ → ·2 → 2 ; 2 → :2 → ☐
- 4 → :4 → ☐ ; ☐ → ·4 → 4
- ☐ → :10 → 2 ; 2 → ·10 → ☐
- ☐ → :5 → 7 ; 7 → ·5 → ☐
- ☐ → :6 → 10 ; 10 → ·6 → ☐
- ☐ → ·4 → 28 ; 28 → :4 → ☐
- 30 → :3 → ☐ ; ☐ → ·3 → 30
- 7 → ·6 → ☐ ; ☐ → :6 → 7
- 16 → :2 → ☐ ; ☐ → ·2 → 16
- ☐ → ·10 → 90 ; 90 → :10 → ☐

1

45 40 9 15 80 30
60 12
11 6 36
100 3 60
10 24 5 35 21
48 42 8 90 18 4
2 15 20 17 25
27 70 50 19 54

Kreise alle 3er-Zahlen rot ein.
Kreise alle 5er-Zahlen blau ein.
Kreise alle 6er-Zahlen grün ein.
Kreise alle 10er-Zahlen schwarz ein.
Welche Zahl ist rot, blau, grün und schwarz eingekreist? ☐

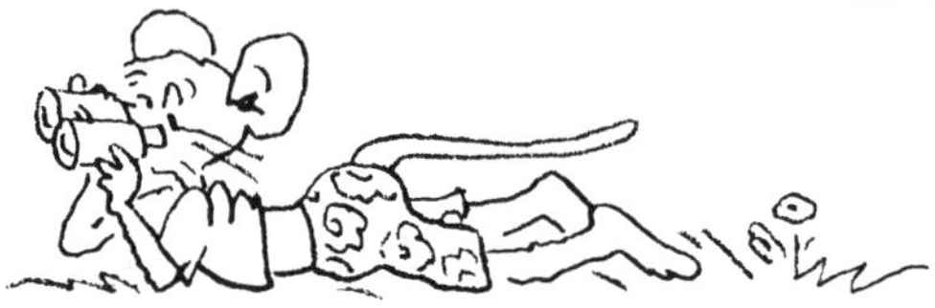

2 Finde den Lösungssatz.

3	4	5	6	7	8	9	10	12	16	18	24	27	30	32	46	48
U	T	G	H	A	C	N	K	E	L	B	D	S	Z	I	R	J

___ ___ ___   ___ ___ ___ ___
$6 \cdot 4$ $35 : 5$ $9 \cdot 3$ $100 : 10$ $42 : 6$ $3 \cdot 3$ $54 : 6$

___ ___ ___   ___ ___ ___ ___ ___ !
$8 \cdot 4$ $40 : 5$ $2 \cdot 3$ $8 \cdot 6$ $4 \cdot 3$ $24 : 6$ $6 \cdot 5$ $40 : 10$

3 Setze die Zeichen (<) (>) (=) richtig ein.

$4 \cdot 6$ ◯ $8 \cdot 3$
$42 : 6$ ◯ $4 \cdot 2$
$16 : 4$ ◯ $8 : 2$
$7 \cdot 5$ ◯ $5 \cdot 5$

$10 \cdot 4$ ◯ $7 \cdot 6$
$6 \cdot 10$ ◯ $6 : 1$
$10 \cdot 2$ ◯ $10 : 2$
$18 : 2$ ◯ $45 : 5$

$7 \cdot 3$ ◯ $4 \cdot 5$
$4 \cdot 4$ ◯ $5 \cdot 3$
$10 \cdot 3$ ◯ $9 \cdot 4$
$2 \cdot 2$ ◯ $18 : 3$

4 Erinnere dich oder überprüfe. Welche Sätze stimmen? Kreuze an.

	richtig	falsch
→(· 2)→ ergibt halb so viel wie →(· 4)→	☐	☐
→(: 2)→ ergibt doppelt so viel wie →(: 4)→	☐	☐
→(: 2)→ ergibt halb so viel wie →(: 4)→	☐	☐
→(· 3)→ ergibt halb so viel wie →(· 6)→	☐	☐
→(: 2)→(: 2)→ ergibt gleich viel wie →(: 4)→	☐	☐
→(: 2)→(: 2)→ ergibt weniger als →(: 4)→	☐	☐

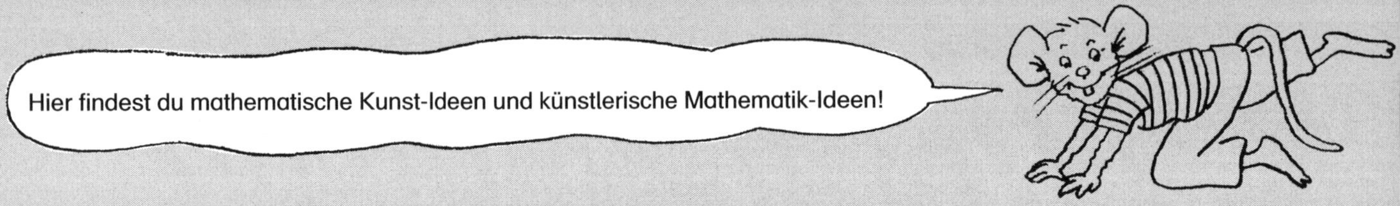

❶ a) Falte bei einem quadratischen Blatt Papier die gegenüberliegenden Seiten aufeinander. Falte das Papier wieder auf und zerschneide es entlang der Faltlinie. Du erhältst zwei Rechtecke.
Falte die kurzen Seiten aufeinander, falte auf, zerschneide, falte neu ...

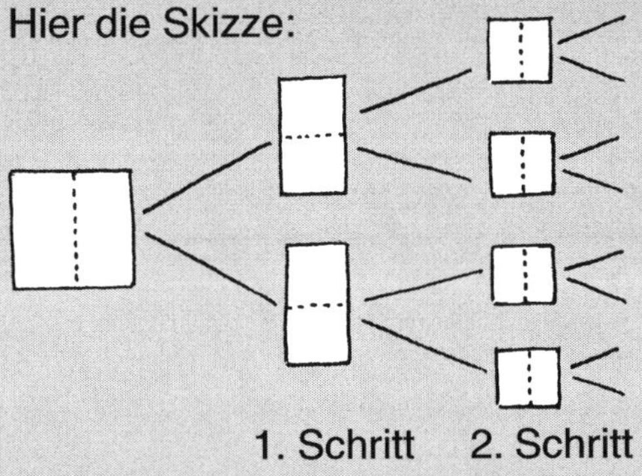

b) Probiere aus oder überlege. Kreuze an.

	Quadrate	Rechtecke
Welche Formen entstehen nach dem 4. Schritt?	☐	☐
Welche Formen entstehen nach dem 5. Schritt?	☐	☐

c) Welche Zahlenreihe passt zur Faltaufgabe? Setze fort.

1, 2, 4, ☐, ☐, ☐, ☐

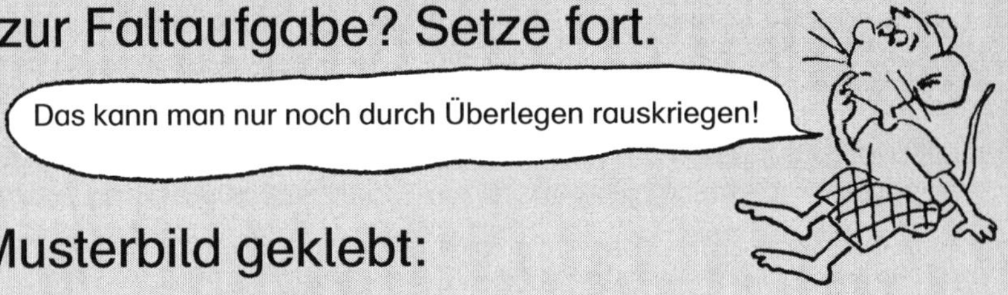

❷ Ben hat zur Faltaufgabe ein Musterbild geklebt:

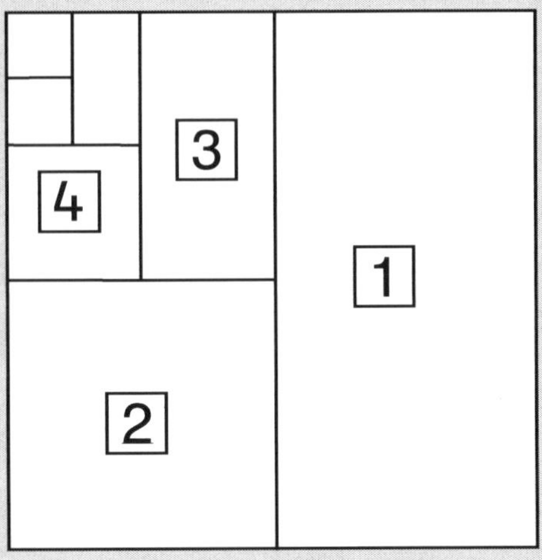

a) Male das Musterbild so an:
1 gelb, 2 orange, 3 rot, 4 grün

b) Teile weiter und male weiter.
Wie weit schaffst du es?

c) Gestalte ein eigenes Musterbild!

❸ Welche Formen entstehen, wenn du ein quadratisches Blatt Papier an den gegenüberliegenden Ecken aufeinander faltest?
Pobiere es aus. Erfinde ein neues Muster.

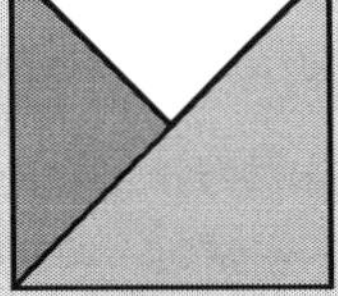

❶
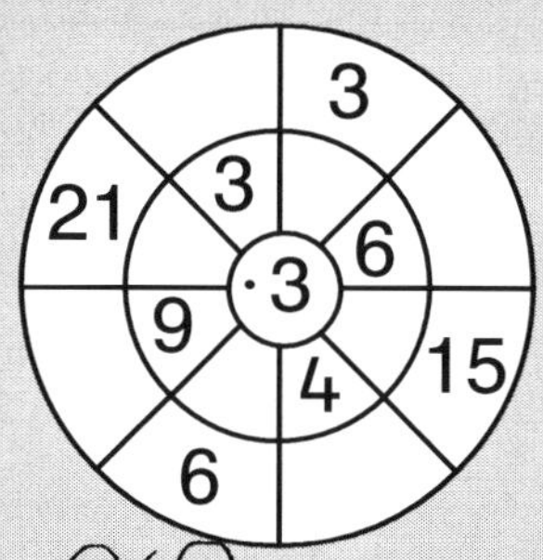

❷
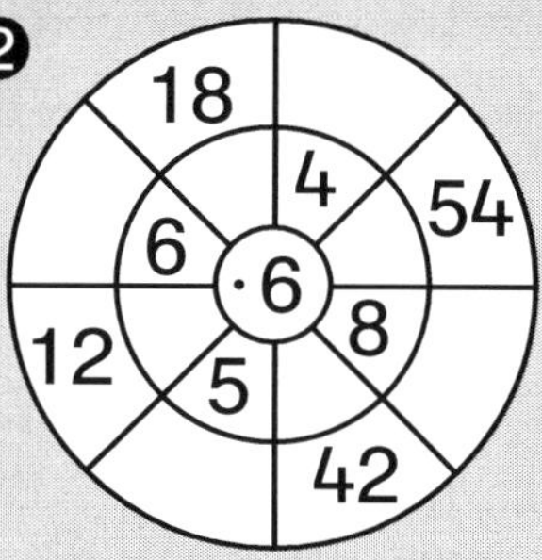

❸
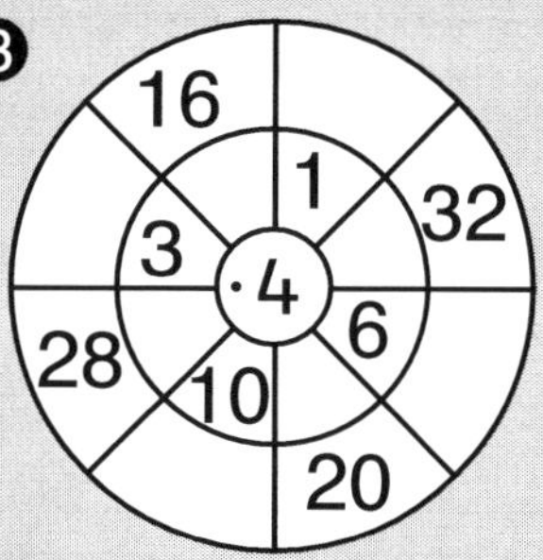

❹
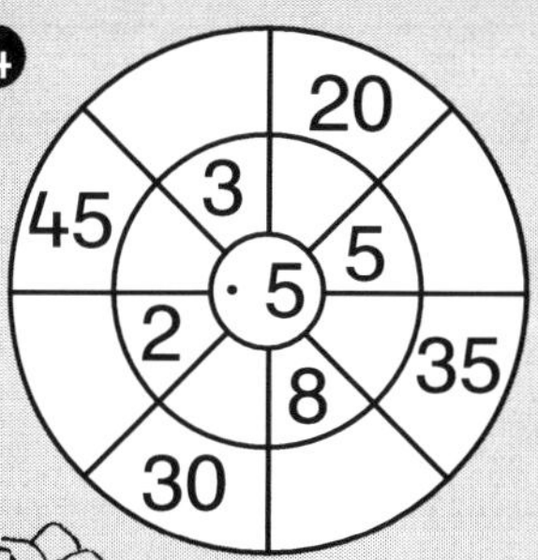

❺

6 · 10 =	☐
7 · 2 =	☐
5 · 6 =	☐
6 · 3 =	☐
7 · 4 =	☐
9 · 5 =	☐
2 · 6 =	☐
9 · 2 =	☐

❻

10 ·	☐	= 30
3 ·	☐	= 12
7 ·	☐	= 35
5 ·	☐	= 10
3 ·	☐	= 18
10 ·	☐	= 100
8 ·	☐	= 40
2 ·	☐	= 8

❼

20 : 5 =	☐
70 : 10 =	☐
28 : 4 =	☐
27 : 3 =	☐
36 : 4 =	☐
15 : 5 =	☐
48 : 6 =	☐
20 : 2 =	☐

❽ Richtig ✓ oder falsch f?

9 · 6 = 56	☐	20 : 4 = 5	☐	4 · 10 < 7 · 6	☐
3 · 5 = 15	☐	24 : 3 = 8	☐	54 : 6 = 27 : 3	☐
6 · 2 = 12	☐	18 : 6 = 2	☐	9 · 5 > 6 · 9	☐
8 · 10 = 80	☐	4 : 4 = 0	☐	24 : 3 = 2 · 4	☐

❾
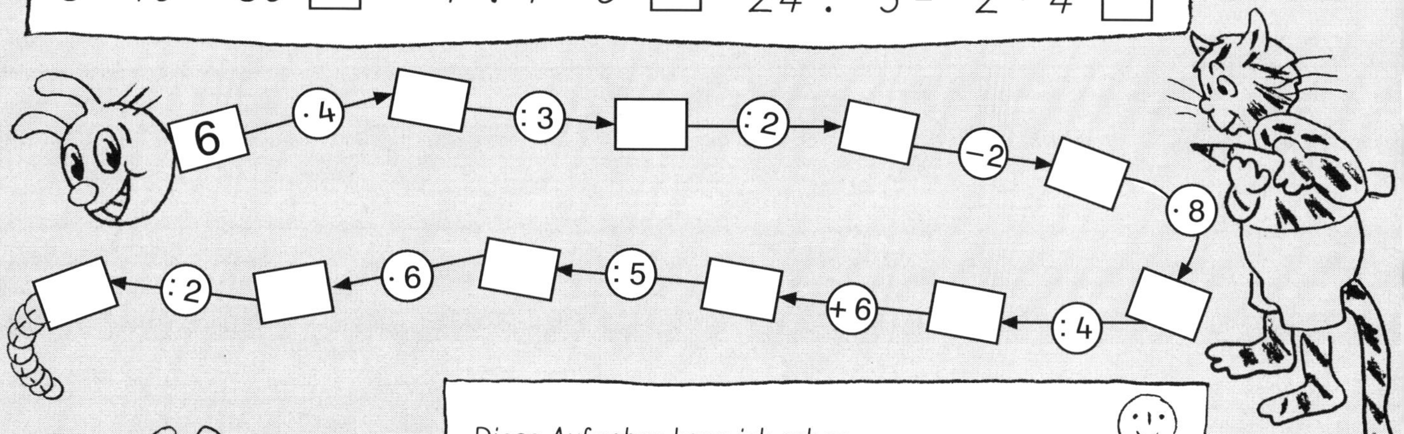

Diese Aufgaben kann ich schon: _______________	☺
Diese Aufgaben muss ich üben: _______________	😐
Diese Aufgaben kann ich nicht: _______________	☹

❶ Vorbereitungen für das Schulfest:
Die Kinder brauchen möglichst viele verschiedene Fahnen.
Die Fahnen müssen folgende Regeln erfüllen:

Jede Fahne hat dieses Muster:

Die Felder werden mit den Farben

ausgemalt.

Jede Farbe darf in jeder Fahne nur einmal vorkommen.

Male verschiedene Fahnen.

Lösung: Es gibt ☐ verschiedene Fahnen.

❷ Finde die Anzahl verschiedener Fahnen mit anderen Mustern und Farben heraus.
Jede Farbe darf in jeder Fahne nur einmal vorkommen.

a)

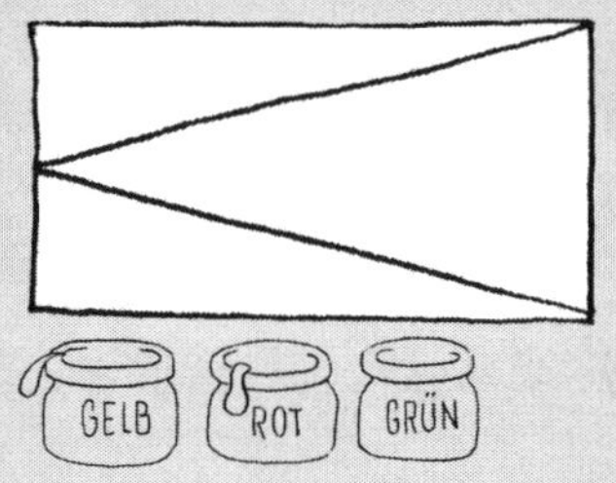

Platz für kleine Zeichnungen:

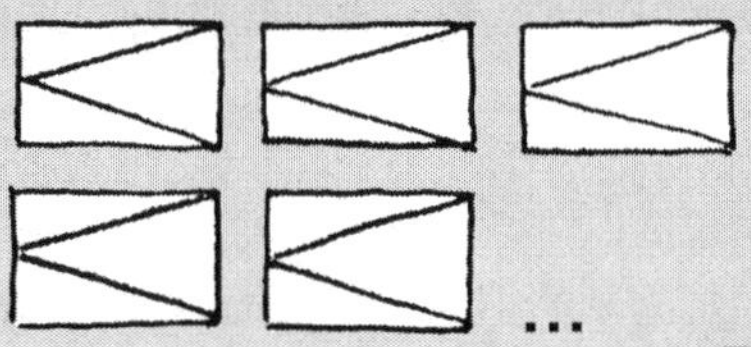

Deine Antwort: ☐ Fahnen

b)

Platz für kleine Zeichnungen:

Deine Antwort: ☐ Fahnen

❶

Tipp:

- Kopiere die Seite mehrmals.
- Schneide die Teile aus und stelle deine drei „Super-Mäuse“ zusammen.
- Klebe sie auf.

Meine Super-Mäuse:

Ⓐ vornehmer Typ

Ⓑ chaotischer Typ

Ⓒ mein Typ

❷ Du hast diese 4 Formen zur Verfügung: 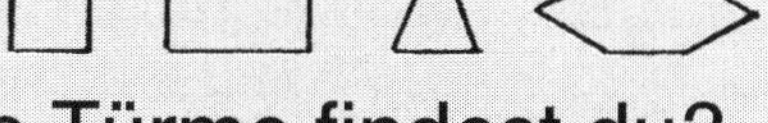
Baue 3er-Türme. Wie viele verschiedene Türme findest du?

Lösung: ____ Türme

❶ Achtersprünge

☐ → 16 → ☐ → ☐ → ☐ → ☐ → ☐ → ☐ → ☐ → 80

❷ Schreibe in jedes Karofeld die Malaufgabe. Rechne.

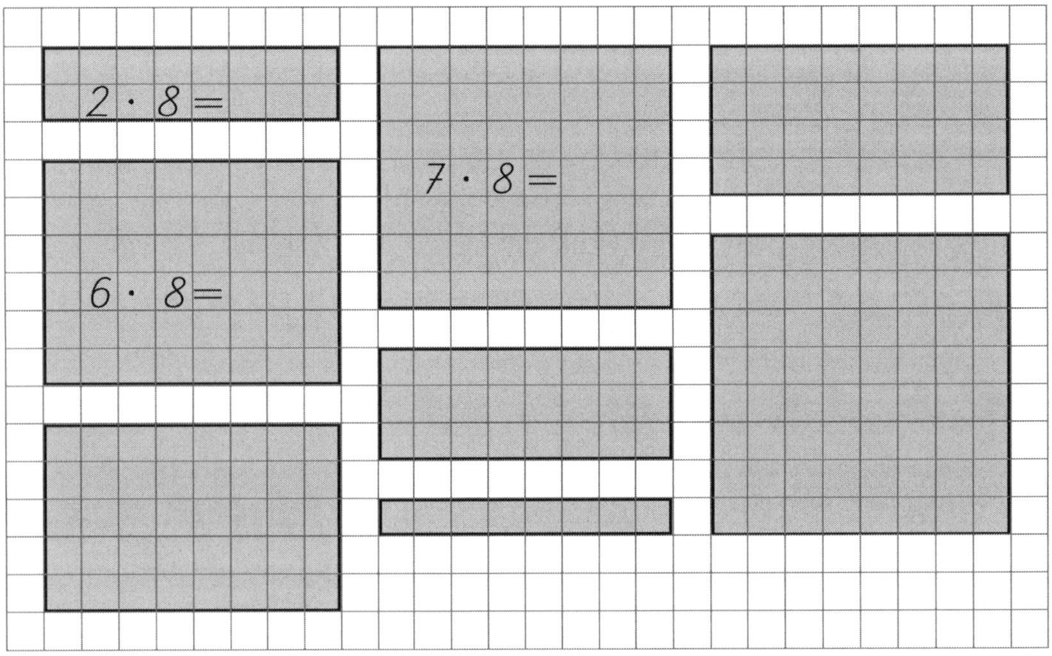

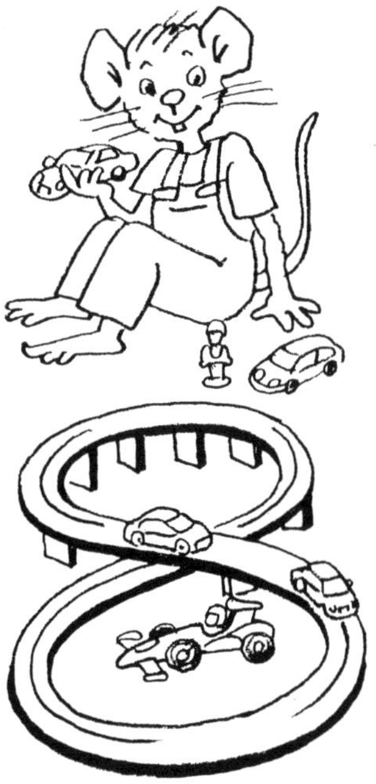

❸	❹	❺	❻
2 · 8 = ☐	☐ · 8 = 8	24 = ☐ · 8	7 · 8 = ☐
4 · 8 = ☐	☐ · 8 = 80	16 = ☐ · 8	9 · ☐ = 72
3 · 8 = ☐	☐ · 8 = 72	32 = ☐ · 8	☐ · 8 = 40
6 · 8 = ☐	☐ · 8 = 56	48 = ☐ · 8	8 · 8 = ☐
5 · 8 = ☐	☐ · 8 = 64	80 = ☐ · 8	4 · ☐ = 32
10 · 8 = ☐	☐ · 8 = 0	40 = ☐ · 8	☐ · 8 = 48

❼ Male die 8er-Zahlen an.

4, 8, 64, 54, 18, 40, 30, 56, 26, 22, 80, 16, 17, 72, 42, 70, 24, 48, 28, 66, 34, 72, 8, 32, 58, 23, 52, 44

❽ Stimmt das? Überprüfe. Kreuze an.

Zwei Zahlen der 8er-Reihe sind auch Zahlen der 6er-Reihe.

☐ stimmt

☐ stimmt nicht

Division durch 8

❶ 16 : 8 = ☐
40 : 8 = ☐
56 : 8 = ☐
32 : 8 = ☐
80 : 8 = ☐

❷ 24 : 8 = ☐
8 : 8 = ☐
64 : 8 = ☐
48 : 8 = ☐
72 : 8 = ☐

❸ ☐ : 8 = 3
☐ : 8 = 1
☐ : 8 = 5
☐ : 8 = 9
☐ : 8 = 0

❹ ☐ : 8 = 2
☐ : 8 = 6
☐ : 8 = 4
☐ : 8 = 8
☐ : 8 = 10

❺ Aufgabe und Umkehraufgabe

2 · 8 = ☐
16 : 4 = ☐

4 · 8 = ☐
32 : 8 = ☐

10 · 8 = ☐
____

3 · 8 = ☐
____

5 · 8 = ☐
____

7 · 8 = ☐
____

9 · 8 = ☐
____

❻ Male Aufgabe und Ergebnis in der gleichen Farbe an.

4 9 2 10 3 7 8 5 1 6

24:8 40:8 64:8 16:8 56:8 32:8 72:8 48:8 80:8 8:8

❼

	16	32	8	0	24	40
: 4						
: 8						

❽ Die Regel ist immer gleich.
Fülle die Leerstellen richtig aus.

- 32, 16, 8, 4, 2
- 80, 40, ☐, 10, 5
- 64, ☐, 16, ☐, 4
- ☐, 24, ☐, 6, 3

Zu ❽: ☐ + ☐ + ☐ + ... = 120

❶ 3 Zahlen, 4 Aufgaben. Schreibe auf.

3, 8, 24	5, 8, 40	7, 8, 56	9, 8, 72
3 · 8 = ☐	5 · ☐ = 40	______	______
8 · 3 = ☐	8 · ☐ = 40	______	______
24 : 8 = ☐	40 : ☐ = 5	______	______
24 : 3 = ☐	40 : ☐ = 8	______	______

4, 8, 32	6, 8, 48	2, 8, 16	8, 10, 80
______	______	______	______
______	______	______	______
______	______	______	______
______	______	______	______

❷ Die Ergebniszahlen ergeben ein schönes Muster.

3 · 8	32 : 8	5 · 8
40 : 8	0 · 8	72 : 8
4 · 8	56 : 8	7 · 8
16 : 8	2 · 8	48 : 8
8 · 8	8 : 8	9 · 8
24 : 8	6 · 8	64 : 8

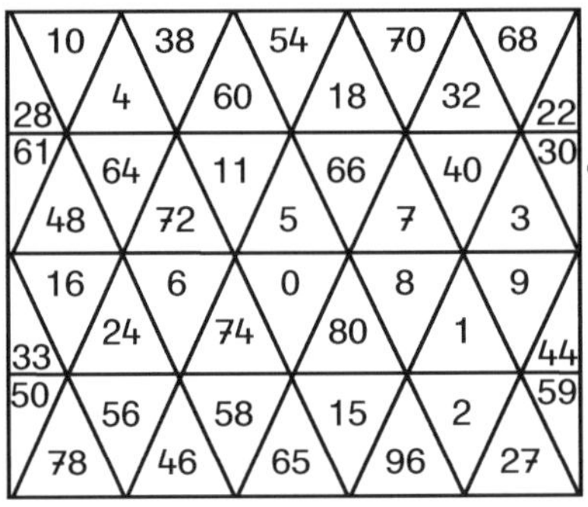

❸ Aufgabe zum Nachdenken!

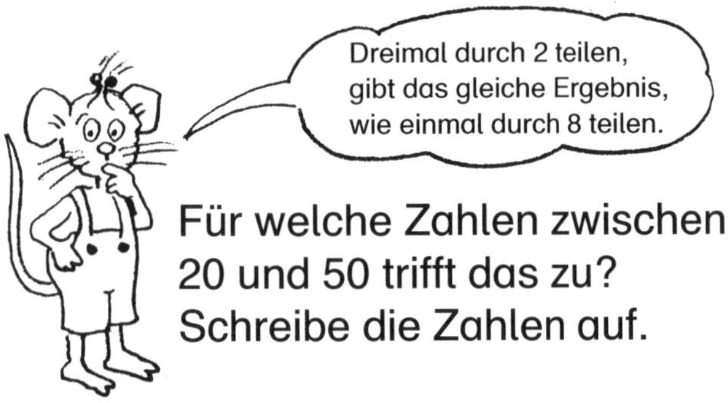

Für welche Zahlen zwischen 20 und 50 trifft das zu? Schreibe die Zahlen auf.

______

______

❹ Weshalb heißt eine Achterbahn Achterbahn?

______

______

______

❶ Male die Zahlen der 4er-Reihe und der 8er-Reihe bunt an.

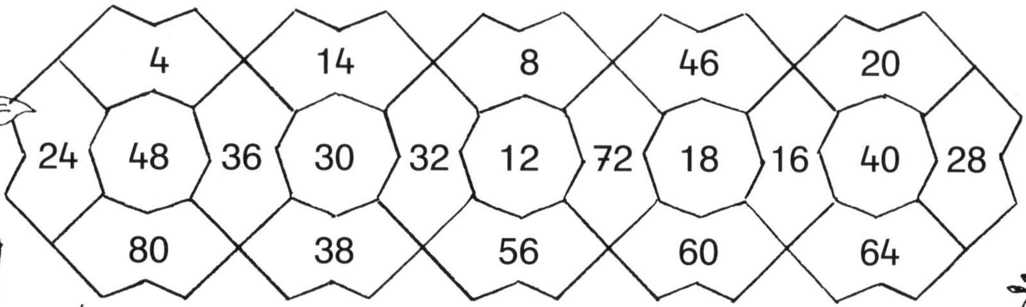

❷

·	2	4	8
5			
6			
4			

❸

·	2	4	8
8			
2			
3			

❹

·	2	4	8
7			
9			
0			

❺ Rechne aus und kontrolliere.

1 · 8	8 : 8	32 : 8	6 · 8
48 : 8	2 · 8	16 : 8	10 · 8
64 : 8	24 : 8	3 · 8	80 : 8
5 · 8	40 : 8	7 · 8	4 · 8
8 · 8	72 : 8	9 · 8	56 : 8

Zu ❺:

11	41	28	12	38	17	30	42	20
29	72	1	16	9	56	5	40	39
0	8	13	27	3	33	15	4	21
19	7	34	37	24	14	43	64	31
35	48	2	10	80	6	32	8	22
18	36	44	26	45	25	46	23	47

❻ Kreuzzahlrätsel

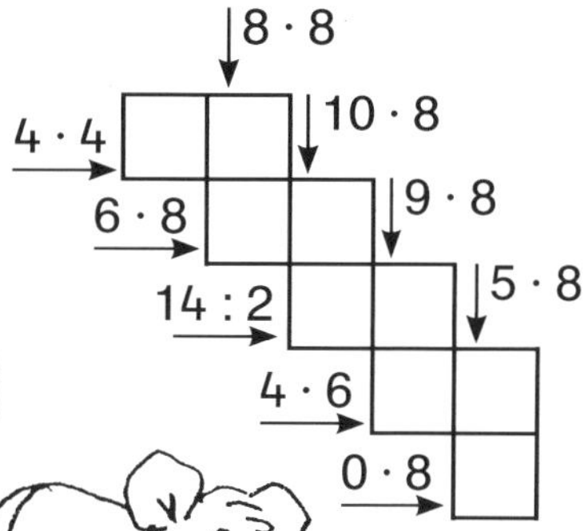

❼ Finde den Lösungssatz.

0	5	6	7	16	22	24	32	40	48	56	64	80
H	C	I	F	S	K	D	R	E	B	T	U	A

___ ___ ___ ___ ___ ___ ___
6 · 4 | 48 : 8 | 5 · 8 | 8 · 10 | 40 : 8 | 0 · 4 | 7 · 8

___ ___ ___ ___ ___ ___ ___
2 · 0 | 80 : 1 | 6 · 8 | 10 · 4 | 24 : 4 | 20 : 4 | 0 : 4

___ ___ ___ ___ ___ !
8 · 3 | 4 · 8 | 1 · 80 | 8 · 8 | 28 : 4

1
24 : 4 = ☐
16 : 4 = ☐
12 : 2 = ☐
16 : 2 = ☐
24 : 8 = ☐
40 : 8 = ☐

2
16 : 8 = ☐
48 : 8 = ☐
36 : 4 = ☐
32 : 4 = ☐
8 : 2 = ☐
0 : 2 = ☐

3
18 : ☐ = 9
32 : ☐ = 4
10 : ☐ = 5
8 : ☐ = 2
28 : ☐ = 7
64 : ☐ = 8

4
☐ : 8 = 5
☐ : 4 = 3
☐ : 2 = 7
☐ : 4 = 5
☐ : 8 = 7
☐ : 8 = 9

5

:	8	4	2	1
8				
16				
24				
32				
40				

Tipp:
Die Ergebniszahlen zeigen Reihen. Damit kannst du Aufgaben rechnen, die du im kleinen Einmaleins nicht lösen kannst.

6 Finde die versteckten Geteiltaufgaben.
Male die Zahlenfelder zu den Aufgaben an.

32	6	28	7	0	13	3	18
8	4	40	8	5	24	8	8
9	72	24	1	48	8	6	8
8	7	3	32	0	8	0	1
56	64	8	8	6	8	7	9

32 : 8 = 4 ____________ ____________
____________ ____________
____________ ____________
____________ ____________
____________ ____________

7 Finde den einzigen richtigen Weg! Zeichne ihn ein.

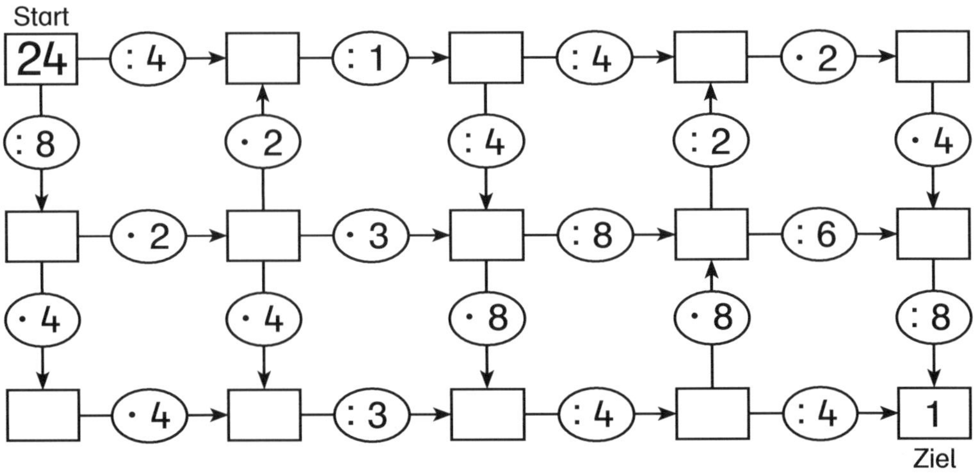

Das kann ich schon!

1

2 · 8 = ☐
4 · 8 = ☐
8 · 8 = ☐
5 · 8 = ☐
10 · 8 = ☐
3 · 8 = ☐
6 · 8 = ☐
7 · 8 = ☐
9 · 8 = ☐
0 · 8 = ☐

2

☐ · 8 = 24
☐ · 8 = 40
☐ · 8 = 56
☐ · 8 = 72
☐ · 8 = 0
☐ · 8 = 16
☐ · 8 = 32
☐ · 8 = 48
☐ · 8 = 64
☐ · 8 = 80

3

80 : 8 = ☐
8 : 8 = ☐
56 : 8 = ☐
72 : 8 = ☐
16 : 8 = ☐
32 : 8 = ☐
64 : 8 = ☐
40 : 8 = ☐
24 : 8 = ☐
48 : 8 = ☐

4

(· 4 = · 2, then · 2)

	10	5	0	2	4	8	3	6	9	7
· 2										
· 2										

5

16 = ☐ · 4
16 = ☐ · 8
24 = ☐ · 4
24 = ☐ · 8
40 = ☐ · 4
40 = ☐ · 8
32 = ☐ · 4
32 = ☐ · 8
8 = ☐ · 4
8 = ☐ · 8

6

20 : 4 = ☐
12 : 2 = ☐
0 : 4 = ☐
20 : 2 = ☐
4 : 4 = ☐
12 : 4 = ☐
16 : 4 = ☐
18 : 2 = ☐
24 : 4 = ☐
32 : 4 = ☐

7

4 · 8 = 32
32 : 4 = 8
8 · 2 = ☐
☐ : 4 = ☐
☐ · 4 = ☐
☐ : 8 = ☐
☐ · 4 = ☐
☐ : 8 = ☐
☐ · 0 = ☐
☐ : 4 = 0

Diese Aufgaben kann ich schon: ______________ ☺

Diese Aufgaben muss ich üben: ______________ 😐

Diese Aufgaben kann ich nicht: ______________ ☹

❶ Bei einem Würfelspiel gelten folgende Regeln:
- Man kann allein, zu zweit oder mit mehreren Kindern spielen.
- Jeder Mitspieler wählt sich eine der vier Karten mit einer Regel für Gewinnpunkte aus.
- Es wird gleichzeitig mit drei Würfeln gewürfelt und die Summe der Augenzahlen berechnet. Jeder Mitspieler prüft, ob er mit seiner Karte einen Gewinnpunkt erhält.
- Sieger ist, wer nach 20 Runden die meisten Punkte hat.

Deine Wahl: Karte ☐

Karte 1:
Du bekommst einen Punkt, **wenn die Summe der Augenzahlen 7 oder weniger ist.**

Karte 2:
Du bekommst einen Punkt, **wenn die Summe der Augenzahlen 10 oder 11 ist.**

Karte 3:
Du bekommst einen Punkt, **wenn die Summe der Augenzahlen 12, 14 oder 16 ist.**

Karte 4:
Du bekommst einen Punkt, **wenn die Summe der Augenzahlen größer als 13 ist.**

Notiere die Ergebnisse und die Punkte in der Tabelle.

Runde	Augenzahlen	Karte 1	Karte 2	Karte 3	Karte 4
Bsp.:	5 + 4 + 3 = 12			X	
1.					
2.					
3.					
4.					
5.					
6.					
7.					
8.					
9.					
10.					
11.					
12.					
13.					
14.					
15.					
16.					
17.					
18.					
19.					
20.					
Punkte					

❶ Stell dir vor, dass du zwei Würfel gleichzeitig wirfst. Schreibe alle möglichen Wurfergebnisse auf. Beachte dabei die Reihenfolge der Würfel. Notiere unter den Würfen die Summe der Augenzahlen. Ergänze die Übersicht.

1 ☐	1 ☐	1 ☐	1 ☐	1 ☐	1 ☐
2	___	___	___	___	___
2 ☐	☐☐	☐☐	☐☐	☐☐	☐☐
___	___	___	___	___	___
3 ☐	☐☐	☐☐	☐☐	☐☐	☐☐
___	___	___	___	___	___
4 ☐	☐☐	☐☐	☐☐	☐☐	☐☐
___	___	___	___	___	___
5 ☐	☐☐	☐☐	☐☐	☐☐	☐☐
___	___	___	___	___	___
6 ☐	☐☐	☐☐	☐☐	☐☐	6 6
___	___	___	___	___	12

❷ Trage in das Schaubild ein, wie oft die jeweiligen Summen der Augenzahlen vorkommen. Nutze die Ergebnisse von ❶.

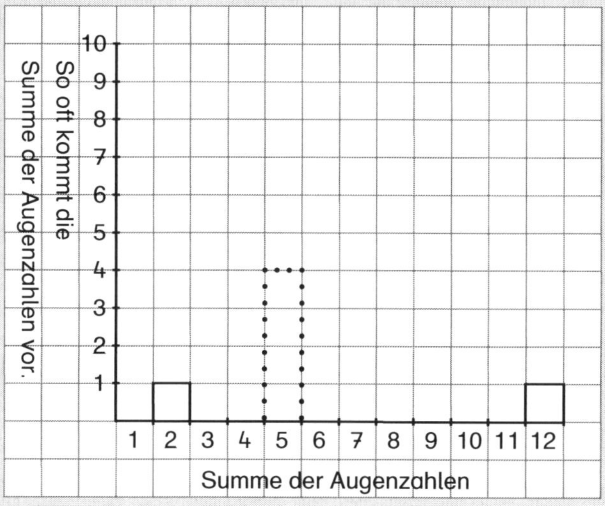

❸ Entscheide und trage ein: richtig ✓ oder falsch f?

- Die Summe 8 kommt häufiger vor als die Summe 9. ☐
- Die Summen 3 und 10 kommen zusammen seltener vor als die Summe 7. ☐
- Die Summen 3, 4 und 2 kommen zusammen genauso oft vor wie die Summe 9. ☐

❶ Neunersprünge

			36					81	

❷ So erkennst du die Zahlen der 9er-Reihe sofort.

1 · 9 = 9
2 · 9 = 18 → 1 + 8 = 9
3 · 9 = ☐ → 2 + 7 = 9
4 · 9 = ☐ → ______
5 · 9 = ☐ → ______
6 · 9 = ☐ → ______
7 · 9 = ☐ → ______
______ → ______
______ → ______
______ → 9 + 0 = 9

❸ Welche Zahlen gehören zur 9er-Reihe? Male die Felder an.

33	54	19	27
18	90	9	24
86	36	81	63
72	29	45	67

❹
4 · 9 = ☐
8 · 9 = ☐
9 · 9 = ☐
3 · 9 = ☐
7 · 9 = ☐

❺
6 · 9 = ☐
☐ · 9 = 9
4 · 9 = ☐
☐ · 9 = 90
5 · 9 = ☐

❻
☐ · 9 = 45
2 · ☐ = 18
☐ · 9 = 81
3 · ☐ = 27
☐ · 9 = 0

❼ Richtig ☑ oder falsch ☐f? Verbessere falsche Ergebnisse.

8 · 9 = 72 ☐	1 · 9 = 9 ☐	10 · 9 = 90 ☐
4 · 9 = 35 ☐	6 · 9 = 42 ☐	2 · 9 = 18 ☐
7 · 9 = 63 ☐	3 · 9 = 26 ☐	5 · 9 = 35 ☐

❽ Rückwärtssprünge

90							27		

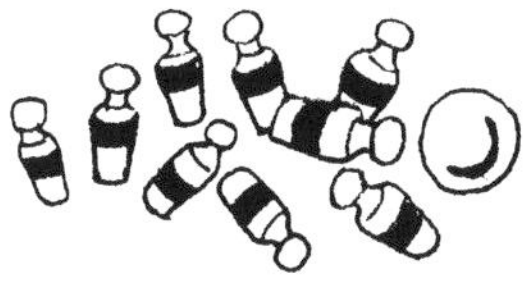

❶ Immer 9 Kegel für ein Spiel.

☐ · 9 = ☐   ☐ : 9 = ☐   ☐ Spiele

❷ Bündele richtig. Rechne aus.

54 : 9	18 : 9	63 : 9	36 : 9

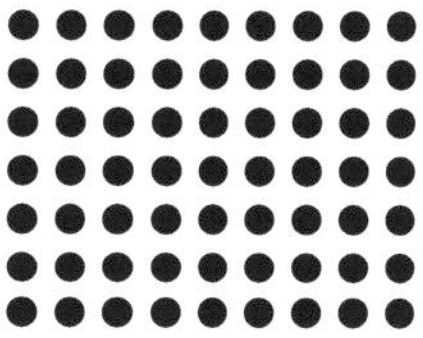
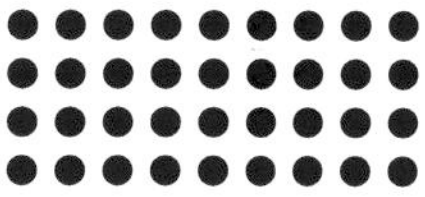

54 : 9 = ☐   18 : 9 = ☐   63 : 9 = ☐   36 : 9 = ☐

❸
27 : 9 = ☐
72 : 9 = ☐
90 : 9 = ☐
45 : 9 = ☐
54 : 9 = ☐

❹
☐ : 9 = 9
☐ : 9 = 1
☐ : 9 = 4
☐ : 9 = 0
☐ : 9 = 7

❺
30 : 9 = ☐ Rest ☐
60 : 9 = ☐ Rest ☐
75 : 9 = ☐ Rest ☐
42 : 9 = ☐ Rest ☐
5 : 9 = ☐ Rest ☐

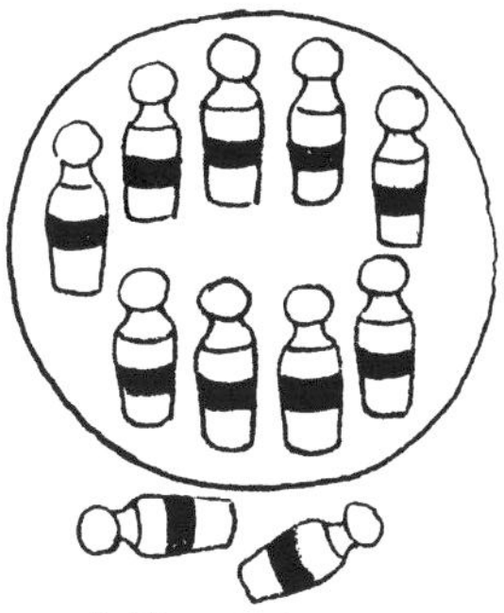
1 Rest 2

❻ Verbinde Aufgabe und Ergebnis.

54 : 9	72 : 9	45 : 9	27 : 9	9 : 9	90 : 9	0 : 9

5	3	6	8	10	0	1

❼

:9	45	27	81	63	72	90	36	18	54	9	0

1 (+9 →, +9 ↓)

9			
		36	
			81

2

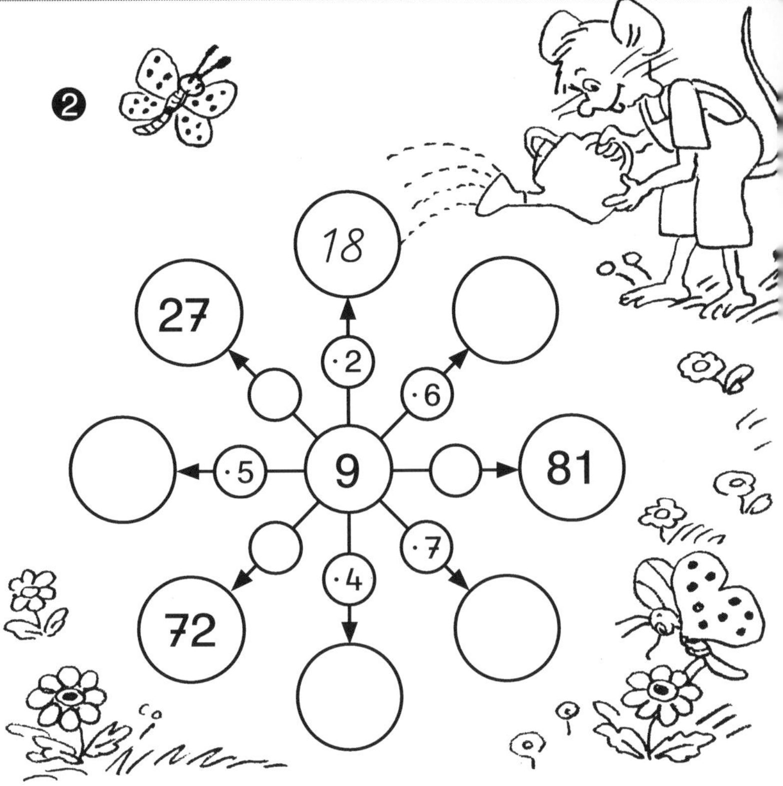

3 Rechne hin und zurück.

(·9 →, ← :9)

- ☐ ⇄ 90
- 4 ⇄ ☐
- ☐ ⇄ 63
- 6 ⇄ ☐
- ☐ ⇄ 45
- 3 ⇄ ☐
- ☐ ⇄ 9
- 9 ⇄ ☐

4 Finde den Lösungssatz.

11	12	15	18	21	36	41	51	61	71	81	93	96
I	C	G	H	E	K	F	D	N	U	S	T	A

___ ___ ___ „___ ___ ___ ___"

6 · 9 – 3 | 81 : 9 + 2 | 3 · 9 – 6 | 7 · 9 – 2 | 2 · 9 + 3 | 9 · 9 – 10 | 6 · 9 + 7

___ ___ ___ ___ ___

4 · 9 + 5 | 90 : 9 + 1 | 8 · 9 – 11 | 3 · 9 + 24 | 7 · 9 – 42

___ ___ ___ ___ ___ ___!

1 · 9 + 2 | 72 : 9 + 4 | 54 : 9 + 12 | 18 : 9 + 13 | 36 : 9 + 67 | 10 · 9 + 3

❶ Schreibe die Zahlen von 9 ab rückwärts. Was fällt dir auf?
Beginne hier!

9	8								90

❷ Kreise immer 9 ein. Immer bleibt etwas übrig.

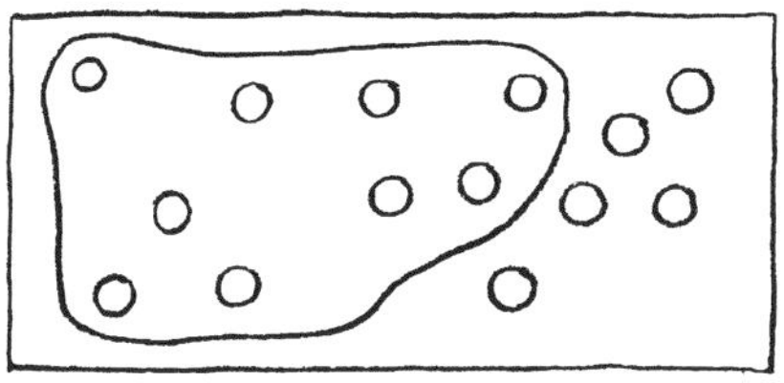

14 : 9 = ☐ Rest ☐

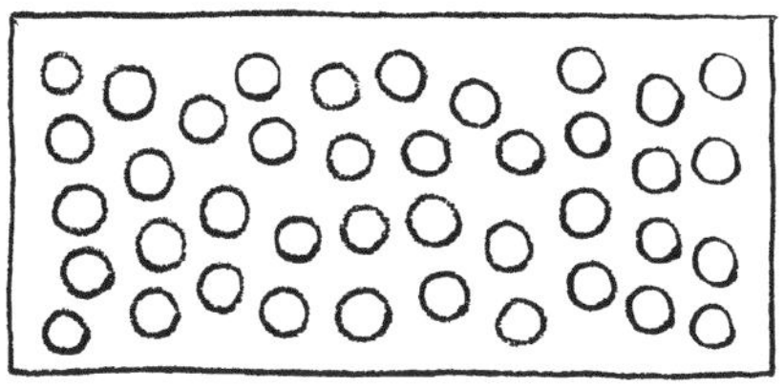

40 : 9 = ☐ Rest ☐

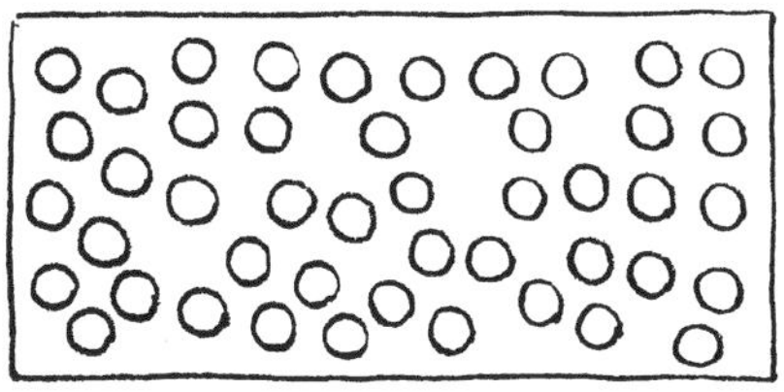

☐ : 9 = ☐ Rest ☐

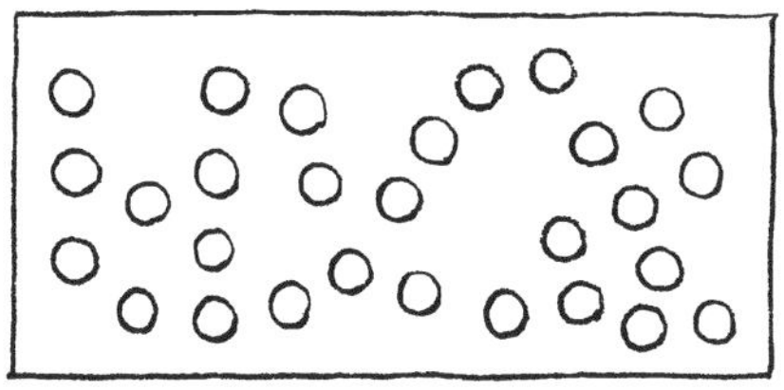

☐ : 9 = ☐ Rest ☐

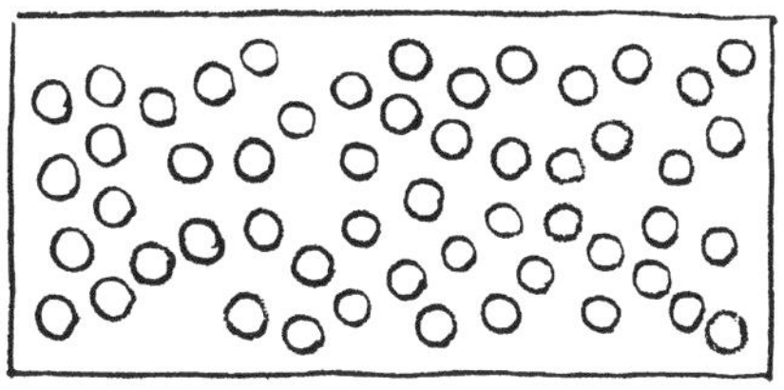

☐ : 9 = ☐ Rest ☐

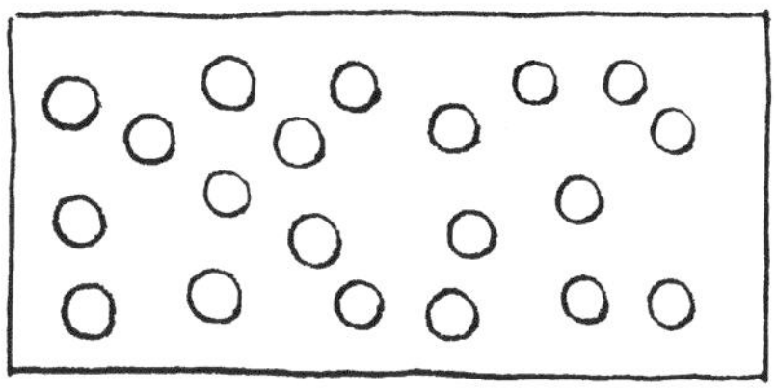

☐ : 9 = ☐ Rest ☐

❸ Rechne. Male die Felder mit den Ergebniszahlen an.

2 · 9	54 : 9
6 · 9	81 : 9
10 · 9	27 : 9
3 · 9	90 : 9
8 · 9	45 : 9
4 · 9	18 : 9
7 · 9	72 : 9
9 · 9	36 : 9
5 · 9	63 : 9
0 · 9	9 : 9

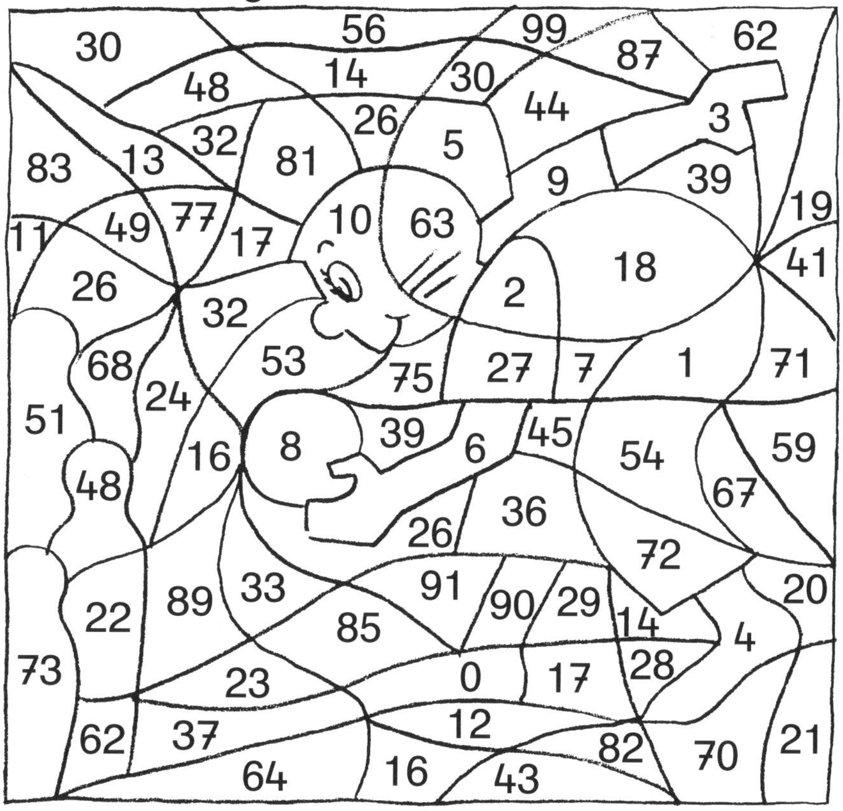

❶ Finde die Regel. Setze fort.

9	12	15		
30	27	24		
18	24	30		
18	15	12		
18	27	36		
54	63	72		

15	18	21		
45	54	63		
36	42	48		
72	63	54		
54	48	42		
24	30	36		

18	21	24		
81	72	63		
60	54	48		
48	42	36		
21	18	15		
54	45	36		

❷

3 —(· 3)→ ☐ —(· 6)→ ☐ —(-30)→ ☐ —(: 6)→ ☐ —(· 9)→ ☐ —(-3)→ 33

☐ —(· 3)→ ☐ —(: 9)→ ☐ —(· 6)→ ☐ —(: 4)→ ☐ —(· 9)→ ☐ —(+3)→ 30

☐ —(· 6)→ 36 —(-24)→ ☐ —(: 3)→ ☐ —(·)→ ☐ —(:)→ 6 —(·)→ 54

❸ 3 Zahlen, 4 Aufgaben. Schreibe auf.

3, 6, 18

3 · 6 = ☐
6 · 3 = ☐
☐ : 3 = 6
☐ : 6 = 3

6, 9, 54

____
____
____
____

9, 3, 27

____
____
____
____

❹ Male die Felder mit den Ergebniszahlen an.
Du erhältst ein schönes Muster.

12 : 6	9 · 9	36 : 9
7 · 3	36 : 6	8 · 9
9 : 9	7 · 6	4 · 3
5 · 9	2 · 5	63 : 9
48 : 6	9 · 6	6 · 6
3 · 6	8 · 3	54 : 6
15 : 5	45 : 9	7 · 9

10	11	22	12	13	17	5
23	1	41	8	14	42	38
40	31	24	37	36	43	28
4	81	19	2	30	21	9
35	46	63	44	72	25	34
28	7	26	18	29	3	50
54	39	47	6	32	49	45

❶ Siebenersprünge

	14				42				

❷ Male Kringelbilder. Rechne aus.

4 · 7	8 · 7	5 · 7	7 · 7

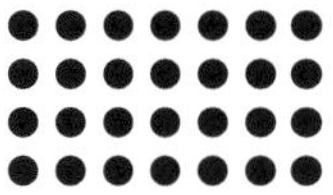

4 · 7 = ☐ 8 · 7 = ☐ 5 · 7 = ☐ 7 · 7 = ☐

❸
2 · 7 = ☐
7 · 7 = ☐
10 · 7 = ☐
6 · 7 = ☐
9 · 7 = ☐

❹
42 = ☐ · 7
21 = ☐ · 7
49 = ☐ · 7
35 = ☐ · 7
70 = ☐ · 7

❺
14 = ☐ · 7
0 = ☐ · 7
56 = ☐ · 7
63 = ☐ · 7
28 = ☐ · 7

❻
3 · ☐ = 21
☐ · 7 = 7
8 · 7 = ☐
4 · ☐ = 28
5 · 7 = ☐

❼

· 7	1	5	7	4	6	2	10	0	3	9	8

❽ Male die Felder mit 7er-Zahlen an.

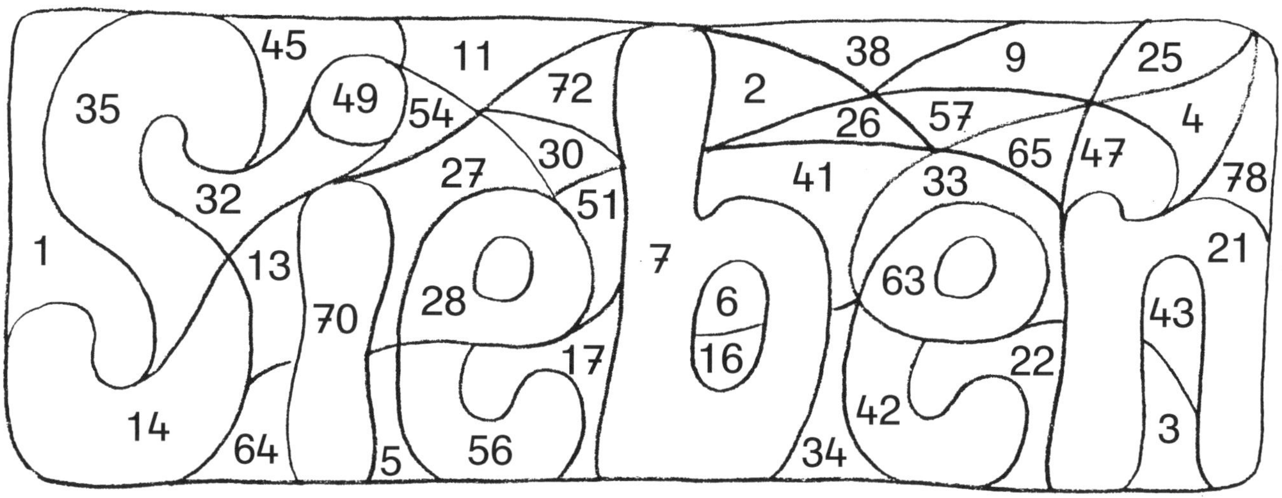

1

70 : 7 = ☐ 42 : 7 = ☐
35 : 7 = ☐ 63 : 7 = ☐
49 : 7 = ☐ 21 : 7 = ☐
14 : 7 = ☐ 7 : 7 = ☐
28 : 7 = ☐ 56 : 7 = ☐

2

☐ : 7 = 5 ☐ : 7 = 3
☐ : 7 = 10 ☐ : 7 = 8
☐ : 7 = 6 ☐ : 7 = 4
☐ : 7 = 1 ☐ : 7 = 9
☐ : 7 = 2 ☐ : 7 = 7

3 Aufgabe und Umkehraufgabe

3 · 7 = ☐
21 : 7 = ☐

6 · 7 = ☐
____

9 · 7 = ☐
____

5 · 7 = ☐
____

4 · 7 = ☐
____

8 · 7 = ☐
____

2 · 7 = ☐
____

4 Kreise immer 7 ein. Immer bleibt etwas übrig.

10 : 7 = ☐ Rest ☐ 15 : 7 = ☐ Rest ☐ ☐ : 7 = ☐ Rest ☐

5 Finde den Lösungssatz.

A	C	E	H	L	M	N	R	Z
63	0	28	56	21	49	70	42	35

Die 7 ist eine __ __ __ __ __ __ __ __ __ __ __ __ !

7 · 7, 9 · 7, 4 · 7, 6 · 7, 0 · 7, 7 · 8, 7 · 4, 10 · 7, 5 · 7, 7 · 9, 8 · 7, 3 · 7

6

: 7	
42	
63	
49	
14	
28	

: 7	
21	
35	
70	
7	
56	

7

: 7	
	7
	4
	9
	6
	1

: 7	
	2
	8
	3
	10
	5

❶ 3 Zahlen, 4 Aufgaben. Schreibe auf.

2, 7, 14	6, 7, 42	4, 7, 28	10, 7, 70
2 · 7 = ☐	6 · ☐ = 42	______	______
7 · 2 = ☐	7 · ☐ = 42	______	______
14 : 7 = ☐	42 : ☐ = 6	______	______
14 : 2 = ☐	42 : ☐ = 7	______	______

9, 7, 63	3, 7, 21	8, 7, 56	5, 7, 35
______	______	______	______
______	______	______	______
______	______	______	______
______	______	______	______

❷ Die Ergebniszahlen ergeben ein schönes Muster.

9 · 7	2 · 7	14 : 7	7 : 7
10 · 7	4 · 7	56 : 7	7 · 7
8 · 7	35 : 7	5 · 7	1 · 7
63 : 7	3 · 7	42 : 7	70 : 7

8	47	35	70	65	6
26	63	36	17	49	38
10	11	1	7	54	5
57	56	12	48	9	23
2	24	14	21	27	28

❸ Trage alle fehlenden Zahlen ein.

70 → (: 2) → ☐ → (− 7) → ☐ → (: 7) → ☐ → (+ 3) → ☐ → (· 8) → ☐

↓ (:10) ↓ (: 5) ↓ (: 2) ↓ (: 2) ↓ (: 1) ↓ (−35)

☐ → (· 1) → ☐ → (· 2) → ☐ → (: 7) → ☐ → (+ 5) → ☐ → (· 3) → ☐

↓ (· 6) ↓ (· 7) ↓ (− 7) ↓ (· 7) ↓ (· 9) ↓ (−12)

☐ → (+ 7) → ☐ → (: 7) → ☐ → (· 2) → ☐ → (+ 49) → ☐ → (: 7) → ☐

1 **2** **3** **4**

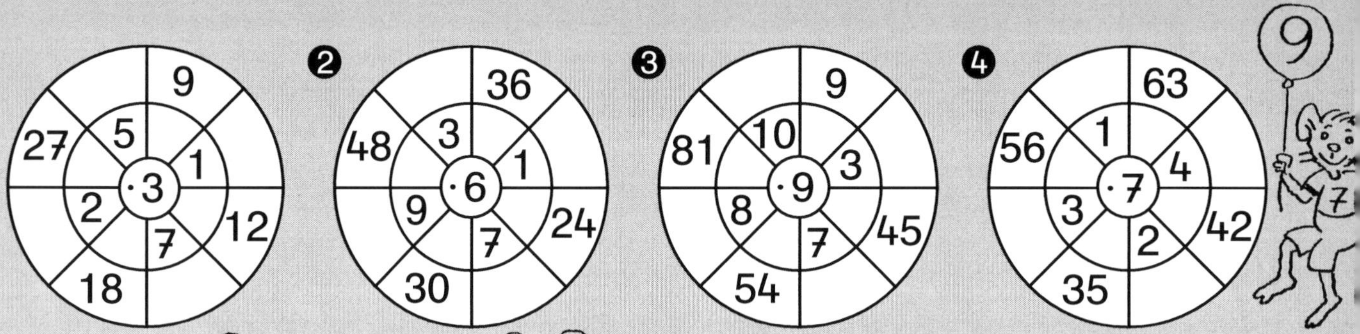

5

2 · 9 =	☐
10 · 7 =	☐
7 · 7 =	☐
1 · 9 =	☐
9 · 7 =	☐
4 · 9 =	☐
6 · 9 =	☐
8 · 7 =	☐
8 · 9 =	☐
6 · 7 =	☐

6

☐	· 7 = 21
☐	· 9 = 81
☐	· 9 = 72
☐	· 7 = 49
☐	· 9 = 45
☐	· 7 = 70
☐	· 9 = 54
☐	· 7 = 14
☐	· 9 = 90
☐	· 7 = 35

7

9 : 9 =	☐
7 : 7 =	☐
63 : 9 =	☐
0 : 7 =	☐
27 : 9 =	☐
42 : 7 =	☐
18 : 9 =	☐
56 : 7 =	☐
36 : 9 =	☐
28 : 7 =	☐

8 Richtig ✓ oder falsch f?

3 · 9 = 27	☐	*8 · 9 = 9 · 7 + 2*	☐	*4 · 9 < 4 · 7 + 3*	☐
5 · 7 = 36	☐	*8 · 7 = 9 · 9 − 4*	☐	*4 · 7 = 3 · 9 + 1*	☐
5 · 9 = 45	☐	*3 · 9 = 3 · 7 + 3*	☐	*18 : 9 = 14 : 7*	☐
6 · 7 = 41	☐	*4 · 7 = 100 − 6 · 7*	☐	*21 : 7 = 27 : 9*	☐
7 · 9 = 62	☐	*9 · 9 > 8 · 7 + 12*	☐	*18 > 2 · 9*	☐
3 · 7 = 20	☐	*5 · 9 < 7 · 7*	☐	*7 · 9 > 8 · 7 + 13*	☐

9 Ergänze die fehlende 7er-Zahl und die fehlende 9er-Zahl.

7, 90, 56, 27, 70,
36, 63, 9, ◯, 18,
35, 14, 28, 45, 49,
◯, 72, 63, 81, 42

Diese Aufgaben kann ich schon: ______________	🙂
Diese Aufgaben muss ich üben: ______________	😐
Diese Aufgaben kann ich nicht: ______________	🙁

1 a) Hier stecken alle Aufgaben zum Einmaleins drin. Rechne.

·	1	2	4	8	3	6	9	0	5	10	7
0											
1											
10											
9											
5											
4											
2											
3											
6											
8											
7											

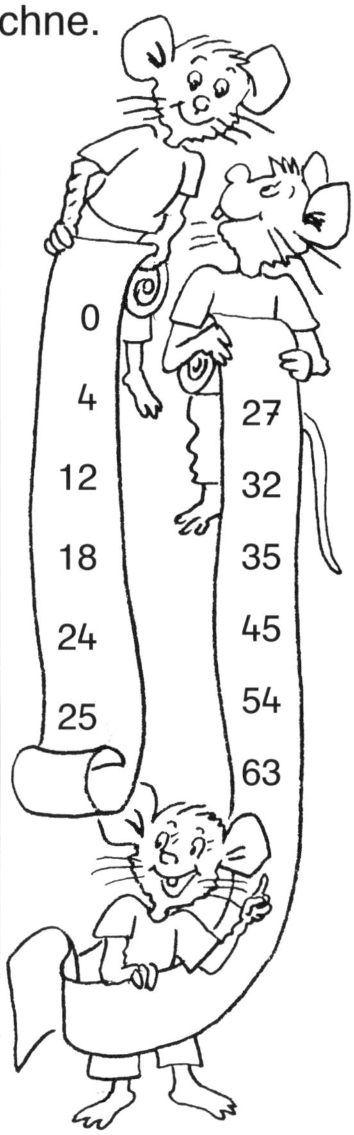

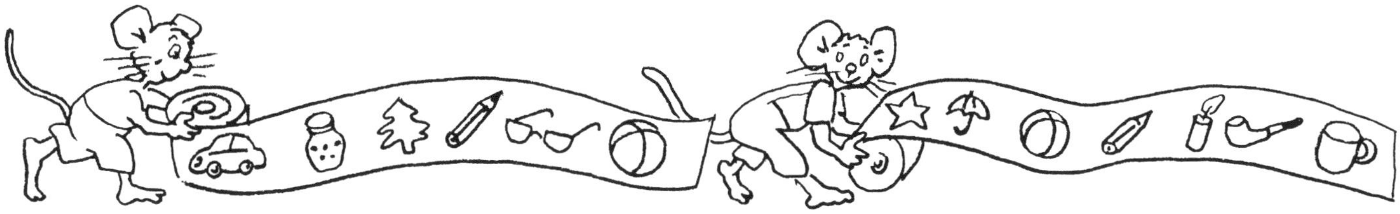

b) Zu jedem Bild gehört eine Zahl. Rechne geschickt.

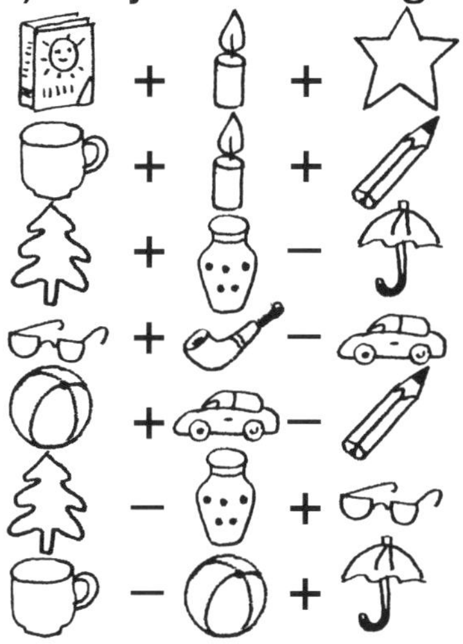

☐	+	☐	+	☐	=	☐
☐	+	☐	+	☐	=	☐
☐	+	☐	–	☐	=	☐
☐	+	☐	–	☐	=	☐
☐	+	☐	–	☐	=	☐
☐	–	☐	+	☐	=	☐
☐	–	☐	+	☐	=	☐

1 Rechne. Die Umkehraufgabe kann dir helfen.
Male die Felder mit den Ergebniszahlen an.

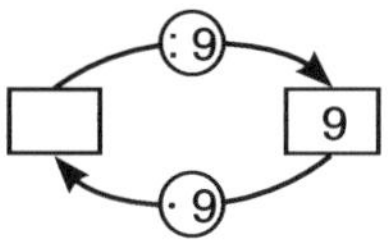

9 · 9 = 81
81 : 9 = 9

☐ : 9 = 9	☐ : 7 = 6
☐ : 8 = 8	☐ : 8 = 3
☐ : 7 = 7	☐ : 9 = 5
☐ : 6 = 6	☐ : 7 = 3
☐ : 5 = 5	☐ : 8 = 6
☐ : 9 = 6	☐ : 8 = 9
☐ : 8 = 4	☐ : 7 = 9
☐ : 7 = 5	☐ : 8 = 7
☐ : 5 = 3	☐ : 7 = 2
☐ : 9 = 3	☐ : 8 = 5
☐ : 8 = 2	☐ : 7 = 4
☐ : 3 = 4	☐ : 3 = 3

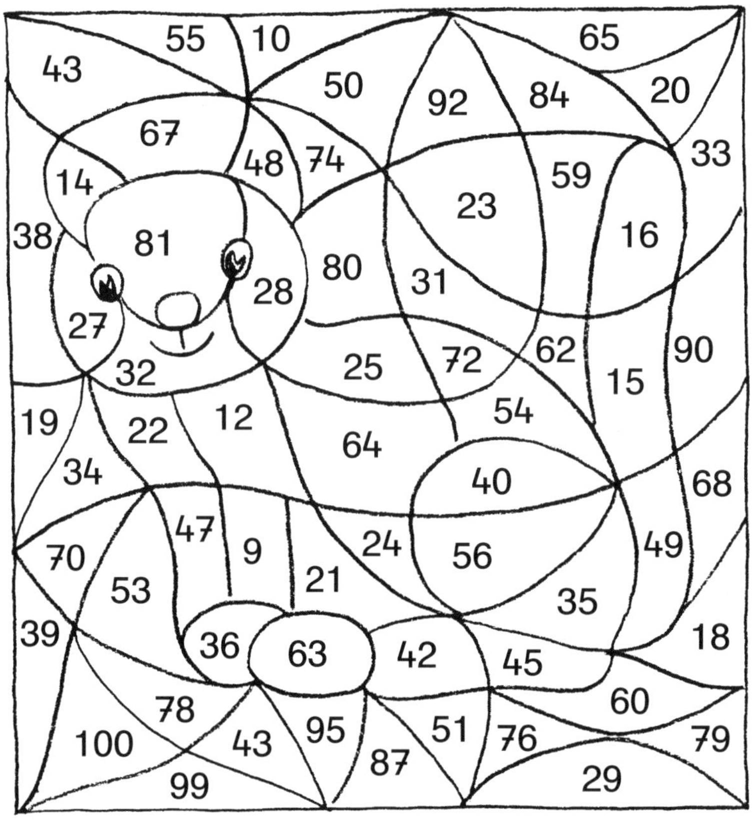

2 Finde die Lösungswörter.

A	B	D	E	F	G	H	L	M	N	O	R	S	T	U	W
24	49	48	32	16	64	15	21	36	63	12	18	72	54	42	56

Was fährt auf der Straße?

4 · 9 2 · 6 9 · 6 6 · 2 3 · 6 9 · 2 8 · 3 8 · 6

6 · 4 6 · 7 6 · 9 3 · 4

7 · 7 7 · 6 9 · 8

4 · 4 3 · 8 5 · 3 9 · 2 2 · 9 4 · 6 6 · 8

9 · 2 3 · 4 3 · 7 7 · 3 8 · 4 2 · 9

9 · 4 4 · 3 2 · 8 4 · 6

3 · 7 8 · 3 8 · 9 9 · 6 7 · 8 6 · 4 8 · 8 4 · 8 9 · 7

1

3 · 7 = □
6 · 4 = □
8 · 9 = □
4 · 3 = □
5 · 9 = □
8 · 5 = □
6 · 7 = □
7 · 3 = □
9 · 6 = □
2 · 7 = □

2

2 · 9 = □
9 · 5 = □
7 · 3 = □
5 · 5 = □
7 · 8 = □
3 · 5 = □
4 · 7 = □
6 · 9 = □
8 · 4 = □
9 · 8 = □

3

12 : 6 = □
16 : 4 = □
36 : 6 = □
14 : 2 = □
48 : 6 = □
40 : 5 = □
27 : 9 = □
63 : 7 = □
18 : 3 = □
81 : 9 = □

4

49 : 7 = □
24 : 3 = □
48 : 6 = □
35 : 5 = □
56 : 8 = □
81 : 9 = □
30 : 5 = □
64 : 8 = □

Dies ist eine Seite für Schnellrechner!
Du kannst diese Seite mehrmals rechnen
und die Rechenzeit verkürzen!

5

2 · □ = 16
7 · □ = 28
5 · □ = 20
7 · □ = 35
6 · □ = 24
8 · □ = 56
6 · □ = 48
9 · □ = 36

6

54 : □ = 9
30 : □ = 5
16 : □ = 8
28 : □ = 4
35 : □ = 7
63 : □ = 9
36 : □ = 6
56 : □ = 7
36 : □ = 9
72 : □ = 8

7

□ · 4 = 20
□ · 2 = 16
□ · 5 = 25
□ · 8 = 32
□ · 7 = 49
□ · 3 = 27
□ · 6 = 0
□ · 9 = 27
□ · 8 = 64
□ · 7 = 56

8

□ : 3 = 6 Rest 2
□ : 4 = 8 Rest 1
□ : 7 = 3 Rest 3
□ : 5 = 5 Rest 4
□ : 8 = 8 Rest 7
□ : 6 = 6 Rest 2
□ : 4 = 4 Rest 3
□ : 9 = 7 Rest 5
□ : 7 = 7 Rest 1
□ : 5 = 0 Rest 4

❶ Rechne richtig und trage die Ergebniszahlen ein.

A			B				C		
	D			E				F	
	G				H				I
		J	K			L		M	
	N			O			P		
Q			R		S			T	U
V			W			X			

	waagerecht
A	6 · 6
B	10 · 10 + 10
C	8 · 3
D	7 · 8
F	7 · 7 – 40
G	5 · 10 + 83
H	8 · 8 + 40
K	3 · 8 + 2
L	3 · 3 : 9
M	16 : 8
N	5 · 5 – 24
O	6 · 8 – 2
P	3 · 6
Q	9 · 6 – 2
R	2 · 6 – 3
S	10 · 9 + 5
V	8 · 8
W	3 · 5
X	10 · 10 + 15

	senkrecht
A	9 · 9 + 26
B	9 · 7
C	9 · 8 + 29
E	4 · 8
F	36 : 9
G	6 · 4 – 15
H	8 · 8
I	7 · 4
J	9 · 6 + 70
L	7 · 7 + 20
M	8 · 1 – 7
N	7 · 8
O	9 · 9 + 10
P	6 · 9 – 3
S	35 : 7
T	8 : 8
U	40 : 8

❷ Setze die Zahlen von 0 bis 10 richtig ein.

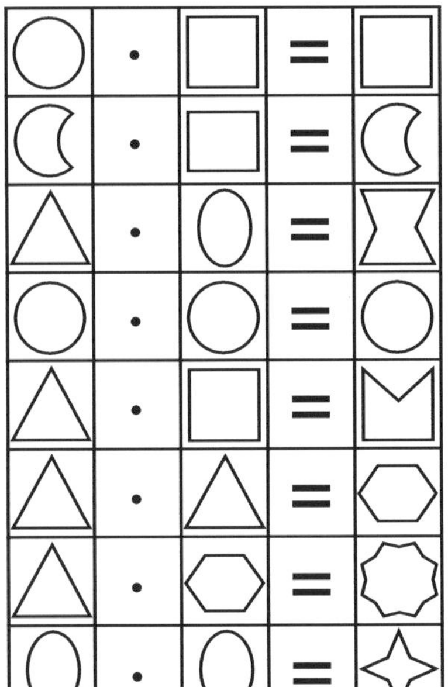

❸ Rechenschnecke

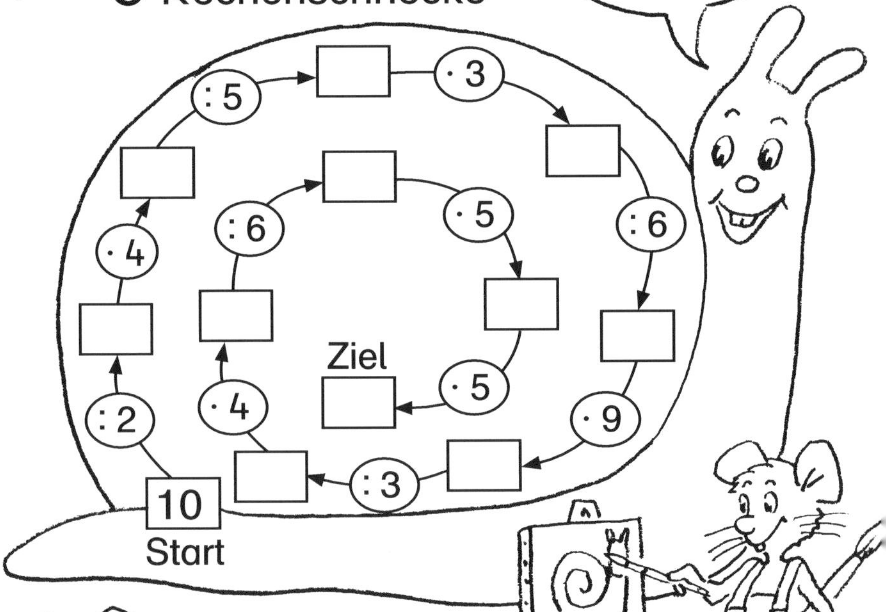

❶ Setze die Rechenpfeile richtig ein.

- → · 1 →
- → · 2 →
- → : 2 →
- → : 3 →
- → ~~· 4~~ →
- → · 4 →
- → : 4 →
- → · 6 →
- → : 6 →
- → · 8 →
- → · 9 →

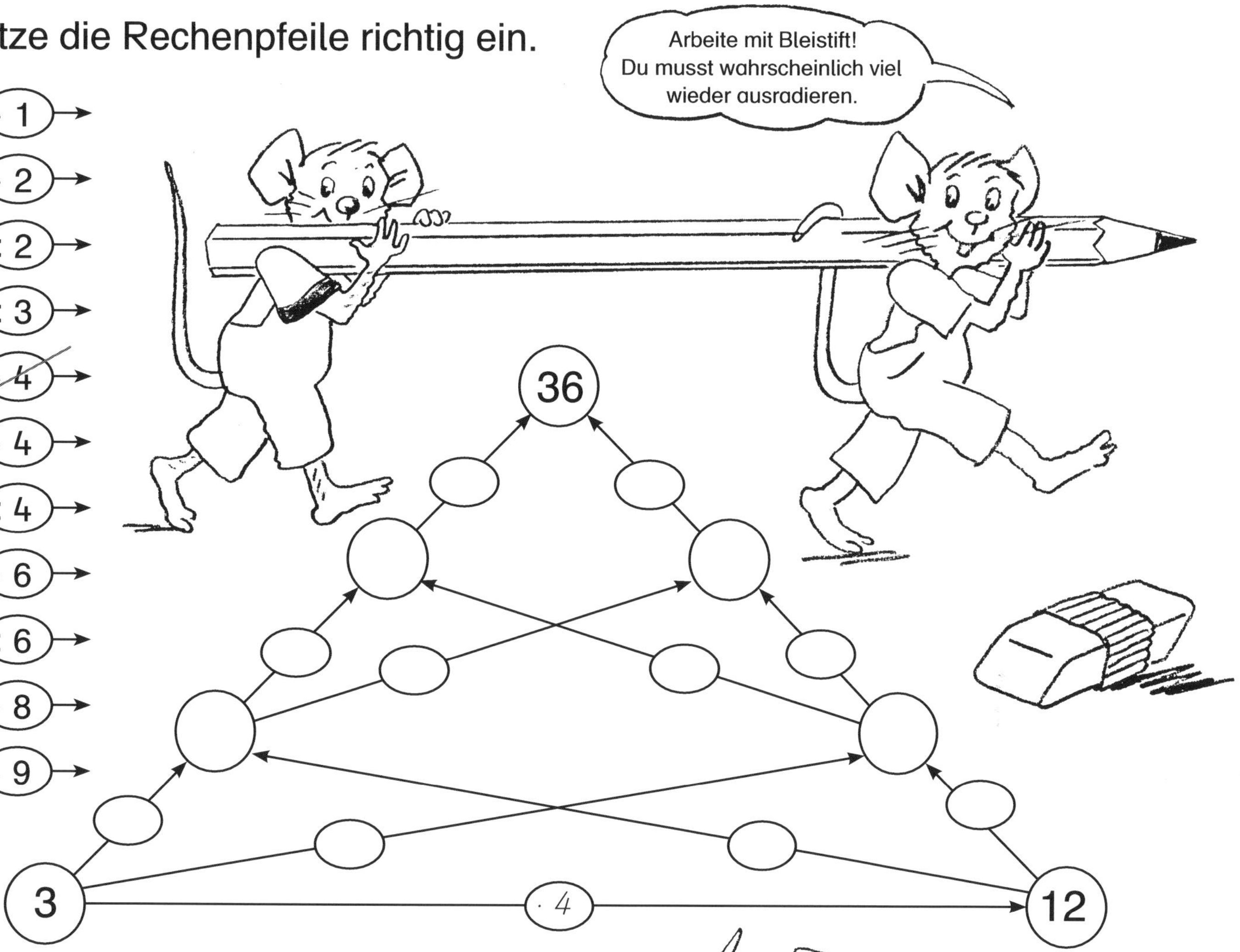

❷ Male die Felder mit den Ergebniszahlen in den angegebenen Farben an.

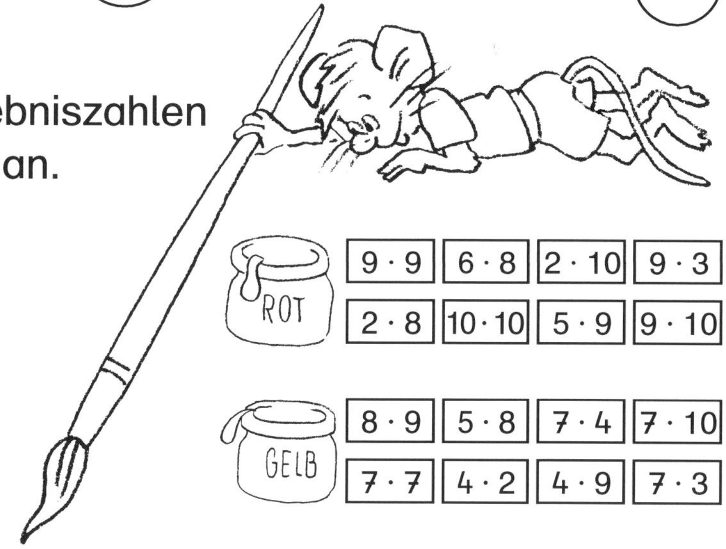

BLAU			
6 · 9	6 · 2	3 · 8	0 · 0
5 · 5	7 · 8	5 · 2	5 · 7

ROT			
9 · 9	6 · 8	2 · 10	9 · 3
2 · 8	10 · 10	5 · 9	9 · 10

GRÜN			
7 · 9	6 · 5	7 · 2	4 · 8
6 · 7	3 · 3	8 · 8	6 · 3

GELB			
8 · 9	5 · 8	7 · 4	7 · 10
7 · 7	4 · 2	4 · 9	7 · 3

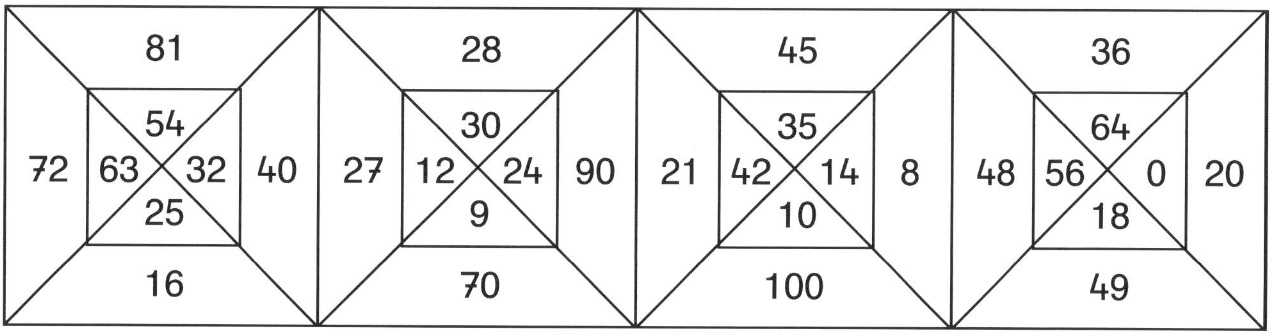

❶ Einmaleins-Tennis

2 3 4 5 6 7 8 9 10 12 18 20 24 30 36 40 45 50

a) Hin und her.
Wo landet der 10. Schlag?

1. Schlag: [3] —(· 6)→ [18]
2. Schlag: [ ] ←(: 9)— [18]
3. Schlag: [ ] —(· 10)→ [ ]
4. Schlag: [ ] ←(: 4)— [ ]
5. Schlag: [ ] —(· 8)→ [ ]
6. Schlag: [ ] ←(: 4)— [ ]
7. Schlag: [ ] —(· 3)→ [ ]
8. Schlag: [ ] ←(: 5)— [ ]
9. Schlag: [ ] —(· 4)→ [ ]
10. Schlag: [ ] ←(: 3)— [ ]

b) Erfinde deinen eigenen Spielverlauf.

1. Schlag: [ ] —(·)→ [ ]
2. Schlag: [ ] ←(:)— [ ]
3. Schlag: [ ] —(·)→ [ ]
4. Schlag: [ ] ←(:)— [ ]
5. Schlag: [ ] —(·)→ [ ]
6. Schlag: [ ] ←(:)— [ ]
7. Schlag: [ ] —(·)→ [ ]
8. Schlag: [ ] ←(:)— [ ]
9. Schlag: [ ] —(·)→ [ ]
10. Schlag: [ ] ←(:)— [ ]

❷ Würfelspiel mit drei Würfeln

a) Würfle mit drei Würfeln.
Addiere die Augenzahlen von zwei Würfeln.
Multipliziere das Ergebnis mit der Augenzahl des dritten Würfels.

Ziel: Wähle die Würfel so aus, dass dein Ergebnis möglichst groß ist. Beispiel: 

3 + 1 = [ ]
4 · 5 = [ ]
oder
3 + 5 = [ ]
[ ] · 1 = [ ]
oder
1 + 5 = [ ]
[ ] · 3 = [ ]

b) Untersuche die Ergebnisse.
Schreibe deine Vermutung auf.

Das Ergebnis ist dann am größten, wenn mit der ____________ Zahl multipliziert wird!

kleinsten größten

c) Überprüfe deine Vermutung.

[4] [6] [2]   ([ ] + [ ]) · [ ] = [ ]
[5] [2] [3]   ([ ] + [ ]) · [ ] = [ ]